央媒实操课

好报道都有迹可循

庖丁解news 编著

人民日报出版社
北京

编 委 会

主　　　编：陈陆军
副　主　编：张明新　张　雷　陈建辉　陶光雄
　　　　　　俞　岚　顾海涛
执 行 主 编：吴庆才　于晶波
执行副主编：吴　旭
编　　　委：魏　园　郑圆圆　尹珮瑶　王小婷
审　　　校：张默言

编者的话

技进乎道，非惟手熟。"庖丁解news"是中国新闻社创办的新媒体品牌，主要聚焦新闻业务研究，致力于分享采编一线的经验与故事、品评时事热点，为新闻从业者、学习者、研究者等广大受众提供有意思、有意义的新媒体产品。

我们精心挑选了"庖丁解news"近年来发布的优秀文章，汇集成册。每篇文章都满载新闻人对业务的探索，是智慧与洞见的结晶。本书见证了"庖丁解news"的成长，也记录了新媒体对时代脉搏的捕捉，同时对新闻学界的研究和业界的实践有参考价值。

值得一提的是，本书创新性地设置了"小牛敲黑板"这一板块，凝练文章精华，提示阅读重点，有助于读者高效把握文章的核心与精髓。

Contents 目录

01 怎样捕捉好选题

如何在公文简报里"掘金"? ······ 002
擦亮你的"新闻眼",好选题就在你身边 ······ 007
日常生活也能挖"爆款" ······ 011
"旧菜新做"有妙招 ······ 016
如何让古老故事"潮"起来? ······ 021
新闻淡季如何做"巧妇" ······ 028
气象新闻也能写成段子 ······ 033
央媒编辑告诉你什么是"好"视频新闻 ······ 039

02 点睛之笔在哪里

如何找到最有新闻价值的"那句话"? ······ 044
"没有采访的佳作"怎么写? ······ 049
数据里面有黄金 ······ 053
打动自己才能打动读者 ······ 059
同题报道如何告别"俗手"出"妙手"? ······ 063
"命题作文"如何常写常新? ······ 068
怎样写电影开场一样的导语? ······ 071

03　重大主题报道如何跑出高分稿

稿件宣传味太浓？三招教你"改头换面"！ …………………… 078
"小消息"也能彰显"大身手" ………………………………… 082
如何写出有料又轻巧的两会时评 ……………………………… 086
两会来了，这78个差错点千万别犯！ ………………………… 091
精彩不止在赛场！一键解密"大奥运"报道真经 …………… 097
大型会议Vlog新闻怎么拍 ……………………………………… 103
这届特殊冬奥怎么报？央媒实战"锦囊"请收好！ ………… 107

04　突发事件报道如何抢先与抢鲜

大象"北游"，猛虎下山，突发动物新闻怎么做？ ………… 112
灾难新闻报道的注意事项 ……………………………………… 117
讣闻报道有哪些禁忌？ ………………………………………… 123
抗洪报道怎么做？ ……………………………………………… 128
交通事故该如何报道？ ………………………………………… 132
突发灾难报道要避开这些"坑"！ …………………………… 136

05 地方新闻如何卡C位

当全网@哈尔滨，记者如何花式整活儿？ …………… 146
用地理之"眼"挖特色新闻源 …………………………… 152
别错过这些节日新闻"彩蛋"！ ………………………… 160
还能这样抓大热点 ………………………………………… 166
地方新闻特质中的"北"，你找到了吗？ ……………… 172

06 新媒体需要怎样讲故事

"国际视角＋亲和力"，把垂类做到极致 ……………… 178
接近核心要素！体验式报道也能10万＋！ …………… 184
如何在平淡中寻找"热辣滚烫"？ ……………………… 188
四大"板斧"带你拍出视频爆款！ ……………………… 193
记者vs大模型，谁是"笔杆子"？ ……………………… 197
微短剧如何接住"泼天的富贵"？ ……………………… 204
短视频新闻配乐指南 …………………………………… 209

07 别让细节害了稿

这些机构名称写错重罚！	214
"话疗"消息稿"常见病"	217
有关党代会的报道，编辑要注意这些！	
——以党的二十大报道为例	223
媒体人必看　这些差错别再犯了！	227
这些"惯性表达"的坑，别踩	234
据说99%的媒体人都被这个语法困惑	237
这些易错词你能精准"pick"吗？	240

附录　超实用报道提示 …………………………………… 244

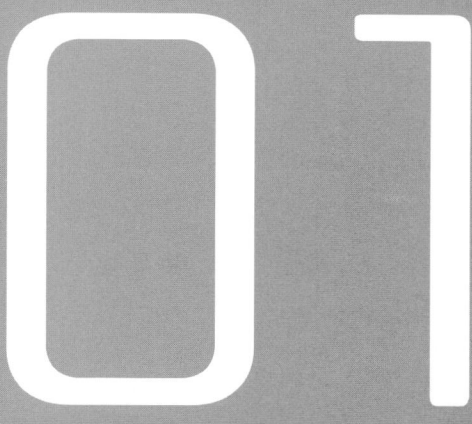

怎样捕捉好选题

如何在公文简报里"掘金"？[1]

小牛敲黑板

公文简报，虽非新闻，但其中却蕴藏着丰富的新闻价值。不同于新闻的即时性和广泛传播性，公文简报更侧重内部沟通和工作总结。

尽管如此，我们也不应忽视公文简报中潜藏的新闻元素。这些元素，或许在精练之后能直接"变身"为新闻，或许在添加背景资料和现场元素后能"转化"为新闻，又或许隐藏着重要的新闻线索，等待着我们去发掘和加工。

01　公文简报不是新闻，里面却藏着新闻

公文简报是机关企事业单位文秘人员最常用的应用写作文体，也是单

---

[1] 作者：冯志军，中新社甘肃分社记者。

位文秘人员的看家本领和基本书面语言表达能力的体现。

公文简报可以当作新闻进行传播吗？这是不少码字人入行伊始常会面临的纠结与困惑。而事实上，公文简报并不等于新闻。首先，语言要素不同，新闻要求"五要素"俱全（即时间、地点、人物、事件、原因），要求及时、客观、准确、真实等，而公文简报主要是围绕某项工作谈部署落实、讲经验做法、说下步打算。

其次，受众范围不同，新闻的受众根据具体单位的职能划分略有侧重，但总体而言都是社会大众，目的是让尽可能多的人关注到与其生产生活密切相关的行业领域中"有价值、有营养、有趣味的信息"。而公文简报更具有单位内部传播的针对性，承担"上传下达"的纽带作用，为下级执行决策提供借鉴，为上级了解下级和制定政策提供参考。

最后，二者的传播路径与预期效果亦有不同，有公开性特点的新闻，具有舆论引导作用；公文简报则是为了总结工作、展示成绩、查找不足，为今后开展工作提供参考，有些还不宜公开传播。

虽然存在诸多区别，但不少公文简报中却藏着新闻。有的经过精简提炼后可直接"变身"为新闻；有的通过添加背景资料、现场元素后可"转化"为新闻；还有的隐藏着易被忽略的价值不菲的新闻线索，经后期延展采访可"加工"为新闻。

记得将近十年前，我无意间从敦煌研究院一份常规的工作简报中，得知"该院完成了对九层楼的抢险修缮"，尽管只有一两句话概述，但作为世界文化遗产的标志性建筑，"九层楼"是海内外游人打卡敦煌的"最佳摄影地"，因此其对外的新闻传播价值不言而喻。

基于此，我及时联系了敦煌研究院的相关负责人，进行了有的放矢的追加采访，尽管采访时间只有几分钟，但由于前期较为充分的准备，还是得到了尽可能多的丰富信息，加之多年联系跑口积累的一些背景信息，一篇五六百字的消息很快出炉。这篇稿件发出后，不仅得到多家外媒转载，

央媒实操课：好报道都有迹可循

还引发国内众多媒体的持续跟进。

02 牢记"给谁看"，挖掘关联新闻点

面对有些冗长烦琐的材料，不论是媒体人，还是不同单位的码字人，都会有些不知所措，似乎每个字词乃至标点符号都很难取舍。事实上在动笔之前，通读一下材料全文十分必要，在掌握了解段落大意后，最关键的是思考"给谁看"，不管是写公文简报还是新闻作品，心中始终装着"受众"才不会在写作时剑走偏锋。

从公文简报中提炼新闻时，首先要把一些穿靴戴帽的描写和表述剔除干净，留下富含"营养价值"的硬核信息。判断的标准，微观层面就是除自己所在行业、领域以外的人是否感兴趣，宏观层面就是所谓异地传播价值。

其实，每一次公文简报的发布，背后都有官方的考量。读者或者受众也更在意新闻背后的"获得感"，这就需要码字人用简明扼要的言语客观地陈述这些"事实"，并解释说明其合理性。

"话有三说，巧者为妙。"在博大精深的中华语言范畴内，会说话是一门学问和艺术。新闻报道也是如此，传递信息并进行正确价值观的舆论引导，是为职业追求之一。

多年前的植树节前后，兰州遭遇了持续近一周的沙尘天气，盘踞不散的沙尘使得不少老年人和孩子不敢出门，街上的游人明显减少，医院里呼吸道疾病患者数量激增。

一天上午，我去甘肃省气象局采访了沙尘天气原因分析和未来趋势走向，在返回单位的途中，意外发现兰州最大的一个广场上人群拥挤，于是

决定临时下车一探究竟。原来是一个临时设置的鲜花市场出现抢购，火爆程度不仅让摊贩老板直呼意外，也令我十分好奇。

后经多方采访了解到，还是与连续多天的沙尘天气有关，很多市民想在家里尽可能营造出一些绿意盎然、花团锦簇的"春意"来。如果我仅仅把此前的气象简报作为新闻来报道无疑是冷冰冰的，没有温度的传播，可能也达不到自己预期的"共鸣"。站在读者角度来思考"他们想看什么"，把路途所见添加到新闻中，才能让简报中的新闻点在民众生产生活里得到较为饱满的升华。

03 保持独立思考，留心"蛛丝马迹"

我参加工作十多年来，记忆最深刻的还是第一次参加省级新闻发布会，会上的公文简报似乎营养价值有限，但其中却隐藏着与时下密切相连的新闻热点。

有时，一些较为重要的信息，往往隐藏于公文简报中不太明显的犄角旮旯儿。

对于新闻工作者而言，要拒绝"人云亦云"，保持自己的思考模式，才不会随波逐流。而更多的码字人在撰写材料时，应注意养成"眼观六路，耳听八方"的习惯，很多文字材料要针对不同受众平台投放，进行不同模式的传播，而不是"一键群发"。

几年前，我在参加甘肃省文物局的一次年度总结会议时，无意间看到了材料中一笔带过的"甘肃正在寻找阳关"，这勾起了我极大的兴趣，根据多年的工作经验，这句话背后会有很大的新闻价值。

随后，我联系了具体参与科考任务的负责人，对其进行了独家采访，

央媒实操课： 好报道都有迹可循

最终完成稿件《中国官方首次调查研究"阳关在哪儿?"》。虽说篇幅不长，但内容丰富，从阳关名称的出现到不知所踪的原委进行了较为客观的陈述和探讨，作为首发独家新闻报道，整体传播价值也很高。

我又联想到中新社原总编辑王晓晖多年前撰写的《会里有千秋》一文，很多貌似依靠通稿材料堆砌起来的会议、论坛等，实际在背后有很多"富矿"，至于怎么挖，则仁者见仁，智者见智。

擦亮你的"新闻眼",好选题就在你身边[1]

小牛敲黑板

写新闻无话可说?找选题没有头绪?主题宣传、会议新闻枯燥无味?

作者以多年经验总结了视频记者应该如何挖选题、做采访的五大妙招。文末另附新闻采编小贴士!让你的新闻不再无话可说!

01 找准新闻"第二落点"

新闻早餐、资讯盘点,是各大媒体在"两微一端"很重要的集中发力点。

每天早上起床后,不妨先浏览各大新闻网站、报纸、电视的时政、文化、民生等栏目,再刷刷微博、朋友圈等。虽然这样得来的选题不是独家

---

[1] 作者:吴晟炜,中新社福建分社视频新闻部主任。

或首发，但是找准第二落点，一样可以出彩。

同一选题的新闻，不同媒体报道的角度、侧重点乃至素材的选取、标题的制作、结构的安排都会有差别。

因此，失掉了第一落点也不必患得患失，还可及时跟进，抢第二、第三落点，绝不能失了"先机"又没"后手"。

02 "硬"新闻"软"报道

从实际情况看，对于内容较空泛的宣传或者单一的会议新闻播报，大家关注度并不高。

而重大技术项目的新突破、突发事件的快速反应、有温度的人物故事、趣味性的社会民生新闻等，备受关注。

对于主题宣传的采访，主办单位和相关部门往往会提供采访便利和新闻素材。因此，只要从中选取具有典型性、对外视角的对象和素材，以小见大地平实地报道，就能获得青睐。

对于会议新闻而言，不能只是有闻必录，而是要学会"听会"。

在会议开始前，不妨先翻阅下会议资料或看看桌牌，有谁出席会议？是否有高层领导、业界大咖、知名专家学者或当下热点人物出席？会议的主题是否为当下热点？

接着，上网搜索出席嘉宾的背景，了解与嘉宾自身或其所在领域相关的热点话题。抓住知名度高的人物，契合热点采访，是挖掘会议新闻"富矿"的努力方向。

采访时，尽量在会前或者会议间隙约访，不要等到会议结束。作为视频记者，手里要随时拿着机器和话筒，看准时机，直接递上话筒，哪怕只有一两句"同期声"的核心观点，也不枉费参加一场会议。

此外，会议中往往金句不断，如果有重量级嘉宾，一定要记得全程录下其演讲，会后可截取核心要义以短视频形式进行呈现。

03　地方的就是世界的

每个地域都有自己的特色：四川有大熊猫，广东涉港澳，福建有侨台资源，广西连接东盟、海南与南海，且各地都有自己的传统习俗、民间信仰、文化遗产等。

以中新社福建分社为例，台、侨就是我们日常报道的重中之重，抓牢港澳台侨资源，就不怕没选题、缺稿子。

可以生动讲述台侨人物故事，也可以细致解读新出台的涉台侨政策，还可以精彩呈现台胞祖地、侨乡的新风貌。

04　养成"扫街"习惯

对于视频记者，走出去"扫街"也很重要。心存好奇，关切身边，养成走到哪拍到哪的习惯。这样既能积累素材，也可能拍着拍着就有了灵感、找到了线索。

05　随拍随记"快"起来

现场是视频新闻报道的生命力，必须用镜头"写"现场。

如今，置身移动时代，"快"是制胜的准则。首先，要在保证新闻事实准确无误的情况下，尽最大努力提高时效。可以随拍随记，手机和摄像机配合，提高出稿速度。

其次，现场采访同期声要有针对性，不能只是为了有同期声而加同期声。人物专访中，表情、笑声、哭泣等采访对象的情绪表现，都是画龙点睛的地方。

最后，对于非突发稿件要注重拍摄，每个镜头都精益求精，素材尽量丰富，特别是人物报道。质量是稿件的生命力，这就要求我们把每条稿子都做好，不只是生产成品，更要做成作品。

彩蛋：新闻采编小建议

1. 尽可能地记录下重要的现场。同期声是视频区别于文图的重要部分。

2. 突发事件的报道，要先有视频画面，再说质量好坏。

3. 拍摄现场尽量做到10倍的素材比。即预估3分钟的片子，拍摄30分钟素材，确保剪辑的时候有画面可用。

4. 同期声尽量备份，特别是新闻发布会等一些重要场合。如果摄像机声音有问题，可以用备份对口型。

5. 核实新闻资讯。

6. 积累资源，建设智库。一定要建立自己的人脉关系和专家队伍。很多时候智库对稿件会起到画龙点睛的作用。

日常生活也能挖"爆款"[1]

小牛敲黑板

多年来，在与一些同行和基层通讯员的交往中，常常听到有人说，除了常规性的采访活动，没什么新闻可写。

罗丹说过："生活中不缺乏美，而是缺乏发现美的眼睛。"十一年的新闻实践告诉我："生活中不缺乏新闻，而是缺乏发现新闻的眼睛。"

作为一名在新闻一线摸爬滚打的"老兵"，中新社湖南分社记者唐小晴跟大家聊聊如何擦亮双眼发现新闻。

01　多留心！新闻就在身边

所有媒体都在抢占新闻高地。如何避免陷入同质化的窠臼，是新闻媒

---

[1] 作者：唐小晴，中新社湖南分社记者。

体从业人员必须思考的问题。我觉得地方媒体人和新闻人，可以通过不断深入挖掘和创新，做足、做活、做新本土新闻，彰显区域化特色。

随着中国经济社会的发展，互联网技术渗透到生活的方方面面，新事件、新事物和新现象层出不穷。我们是记者，也是社会个体。日常生活中，我们刷手机、看新闻，和大家谈论新事物、有趣的现象，都能获得好的新闻素材。

我的很多稿件就是从日常生活中挖掘的。比如，2019年夏季小龙虾上市的高峰期，一大型商超推出剥虾师为消费者提供剥虾服务。身体健康、有健康证；半小时内剥完3斤小龙虾；能抵抗"诱惑"，做到"只剥不吃"；日薪150元到200元。剥虾服务被媒体报道后，引发关注、热议。

看到这一信息，我没有与它"擦肩而过"，而是好奇：为什么会出现这种新职业？这种新职业为什么有需求？我又想到，生活中听到周围人有对陪跑师、遛狗师、服装陪购师、失意倾听师的需求。灵感随之而来：采访这些新职业人群，讲述他们的故事，会不会是一篇不错的稿件？

说动就动，我先去现场采访剥虾师，又通过平时积累的人脉，找到从事陪跑、遛狗职业的年轻人，用半天完成采访，再咨询专家分析这些新职业诞生的原因，最终成稿《多元化消费催生"脑洞大开"职业 年轻一代"另类"择业》和短视频《企业招聘"剥虾师"！要求做到只剥不吃，能抵挡住诱惑》。

作为记者，我们应该用新闻的眼光去看待周围的人和事物。保持好奇，每当新现象、新事物和新话题出现，我们就要考虑是否可以做新闻。

再举个例子。随着智能手机终端的普及，兼具新奇有趣、易传播等特点的短视频在中国引发全民创作热潮，也影响了民众在吃喝玩乐方面的选择。我发现每到小长假，身边的很多女性爱选择短视频平台推荐的景点旅游"打卡"，许多旅游机构、景区进驻短视频平台争抢"她经济"。抓住这一新现象，我立马在"五一"小长假前期，采访女性出游者和多家旅行社，用鲜活的人物、故事和丰富的素材、数据，写出《短视频影响中国女性出游决策："跟着视频去旅行"》一稿。

由此可见，更多的新闻藏在看似平常的现实生活中，藏在不引人注意的琐碎小事里，就看你善不善于发现、捕捉，会不会挖掘、筛选。古人云：处处留心皆学问。我想说，处处留心皆新闻。

02 善挖掘！新闻就在笔头

在"人人都是记者"的时代，还应多留心网络等各种新媒体，海量的信息中，潜藏着珍贵的"灵芝"和"珠宝"，等待我们去发现。

比如，长沙是网红城市，茶颜悦色、文和友等网红品牌和夜经济的崛起，很有地域和文化特色。尤其是近年来，长沙在城市发展中融入了很多文创和暖心创新。"众里寻他千百度，蓦然回首，那人却在灯火阑珊处。"深挖这一本土特色，就不愁找不到新闻题材。

"衣带渐宽终不悔，为伊消得人憔悴。"找到本土特色，再跟踪选题，我在长沙"夜经济"和"网红经济"领域，做出了一系列报道，如《"网红"长沙崛起"夜经济"》《"网红"长沙现爱心交通灯"打卡"新地标折射城市软实力》《"网红"长沙夜经济复苏：新业态涌现 新职业蓬勃》等。

当然，所在城市的知名人物和关注度高的企业，都可以作为长期关注对象和挖掘新闻题材的"富矿"。众所周知，湖南有中国"杂交水稻之父"袁隆平院士。这样一位重要人物，他本人、他的科研成果和他出席的会议，都是值得挖掘的新闻。

长期以来，分社都持续跟踪关注袁老。在袁老去世时，分社播发了大量感人的报道，用新闻人的形式送别这位伟大的老人。

另外，我们还要善于策划主题报道，挖掘出更多可读性强和引发受众共鸣的稿件。在每年的黄金周、妇女节、新年等节假日，可以结合行业、机构发的一些调查报告，提前策划、挖掘一些主题、话题做稿件，避免稿荒。《中国女性成假期出游消费主力军"她经济"崛起系主因》一稿，就是在假期前，结合多家旅行社的调研报告采访成稿的。

多媒体时代，各类信息井喷式涌现，人们的思想意识和思想观念不断发生裂变，新生事物随处可见，新闻线索到处都有，只要善于挖掘观察，认真捕捉，潜心思考，就能练就"慧眼"。不放过任何一个有价值的新闻线索，才能写出"人人心中有，人人笔下无"的稿件。

03 多积累！新闻不期而遇

做记者，参加的报道很多，接触的人形形色色，我们要留个"心眼"，留下采访对象和所接触人的联系方式，包括同行。也许某一天，这个人能为你提供新闻线索，或者他本身是新闻线索，这就叫积累人脉资源。

此外，我们还要在学习上进行积累，增强业务能力。不仅要学习掌握新闻写作知识，更要培养和锻炼自己的新闻敏感性，对看到的、听到的人物和事件，要勤于过筛子，看看是不是新鲜的、新奇的东西，是不是有价值、有意义的行为，久而久之，习惯成自然，就不会错过新闻线索了。

要准确、快速抓住新闻线索，还必须有一个长期不断积累政策、充实知识、提高素养、丰富阅历的过程，必须培养国际视野和历史眼光。除了外出采访，只要有时间，我就会学习全国乃至全世界的政治、经济、文化、民生等方面的大事件及其背景。只有学会用国际视野和历史眼光看问题，才能具有独到的新闻发现力。

总之，学习积累是提高自身政治敏锐性和新闻敏感性的最有效途径。只要拥有一双新闻"慧眼"，就能分辨这变幻莫测的世界。

身处多媒体时代，记者自己的思想和观念也需要不断更新，对于层出不穷、爆炸式涌现的新思想、新事物要多探究、多思考，从中挖掘和发现有代表性、有引领性的人和事。

相信只要掌握这些发现和捕捉新闻线索的技巧，就不用为找选题而发愁了。

"旧菜新做"有妙招[①]

小牛敲黑板

2021年10月11日，暌别多日的《生物多样性公约》第十五次缔约方大会（COP15）开幕，作为举办地的中国云南再次成为世人关注的焦点。素来被称为"物种基因库"的云南曾因动植物的繁衍、迁徙频上热搜，如何写生物，进行有趣科普？如何从一个生物入手写出大文章？

在本文中，中新社云南分社记者缪超将携他采访期间发现的古生物，讲讲四条"鱼"做成"美味佳肴"的故事……

几个月前，我到云南九大高原湖泊之一的抚仙湖采访，在湖边"发现"了一条"鱼"。

这条"鱼"体态娇小，长约3厘米，其身体构型已经演化成三分型：头部—躯干—肛后尾，它的名字叫"凤姣昆明鱼"，备注：化石。它是地球上已知最古老的原始脊椎动物，它的发现，说明包括人类在内的脊椎动物最早的祖先在距今5.18亿年前的寒武纪时期就出现了。

[①] 作者：缪超，中新社云南分社记者。

01 怎样捕捉好选题

哇塞，3厘米的小鱼居然是我的祖先，必须写它！但我百度了一下，发现互联网上早在2000年就有对这条鱼的报道，而且不少。要满足我最后的倔强，我选了旧闻翻新这条路。最终，完成了一篇约4000字的特稿《四条"鱼"讲述的"人与自然生命共同体"理念》。下面，就分享一下这篇稿件的写作过程。

01　翻旧闻做"新菜"

"新闻是对新近发生事实的报道。"陆定一对新闻的这一定义至今仍然被新闻界普遍认同。然而综观新闻媒体的报道内容，并不都是新近发生的事实，还有以下三类：对过去发生事实的报道；对从过去开始一直持续到现在的事实的报道；对过去发生事实的最新进展的报道。

由于以上这三类事实并不具备"新闻"的时效性，所以可以将这三类报道统称为"旧闻"。其实，我们在日常采访报道中，不少新闻属于旧闻翻新，其中多为对过去发生事实的最新进展的报道。

目光回到这条"凤姣昆明鱼"。1999年，国际学术界公认的权威科学刊物《自然》，刊载了一篇划时代的地球生命科学论文，介绍了两块发现于中国云南5.18亿年前早寒武纪筇竹寺地层中的鱼化石"昆明鱼"。这块鱼化石把人类所知最早的脊椎动物产生的时间向前推进了约4000万年。

近年来，科学家对它的研究并没有新的成果，博物馆对它也没有新的利用方式和展示活动。这条"鱼"在新闻中是"三无产品"吗？显然不是，自它被发现以来，就一直在阐述着"人与自然生命共同体"理念，只是没有记者专门"采访"它。

旧闻翻新十分讲究时机，这条"鱼"在等待新的时机——2021年4月

22日，世界地球日，习近平主席以视频方式出席领导人气候峰会并发表重要讲话，向全球全面系统阐释"人与自然生命共同体"理念，为加强全球环境治理提出中国方案。

作为中新社记者，必须学会挖掘时效性不强但与当下政策密切相关的事物进行报道。为此，2021年5月，我来到了抚仙湖①边，采访了"凤姣昆明鱼"。

为了让"鱼"说话，我采访了澄江化石地自然博物馆馆长陈泰敏。他告诉我，在"凤姣昆明鱼"化石标本上可以看到，鱼的头部有眼睛及一个被软骨状组织保护的最早的大脑、一个脊索及一些专家推断的脊椎骨，它展现了一个从鱼到人的演化历程。

写清楚这条"鱼"藏着的人类所关心的脊椎动物的起源和演化，以及在澄江化石地再次被证明的"寒武纪生命大爆发"，就能够反映出"寒武纪生命大爆发"事件和由此缔造的地球动物谱系树，形成了当今的生物多样性。此外还告诉人们，这个蔚蓝星球上的生命从最早的单细胞发迹，所有生命都是一个整体，人类不能高傲地认为自己是地球主宰，从生物多样性的角度看，人只是生物演化的一个分支。

将旧闻所承载的信息融入当下的新闻，实现新旧变换，其核心就是赋予旧闻以新鲜，从而化旧为新。

02 翻更多旧闻做"大菜"

诚然，"人与自然生命共同体"是一个宏大的理念。要反映这一个宏

---

① 抚仙湖是中国内陆湖中蓄水量最大的深水型淡水湖泊，为每位中国人储备了15吨Ⅰ类水。

大理念，一条"鱼"是不够的，我需要将更多旧闻串联起来翻炒出新，拓展新闻纵深。

后来，我花费一个星期的时间，走访了罗平生物群国家地质公园、"世界恐龙之乡"禄丰、中国最早的古人类发现地元谋，找到了另外三条同样可以阐述"人与自然生命共同体"理念的"鱼"。

罗平生物群国家地质公园的建立，是因为一块三叠纪裂齿鱼化石的发现。罗平生物群同样被不同媒体的记者采写过无数遍，"横看成岭侧成峰，远近高低各不同"，以新的视角可以发掘"旧闻"的特殊价值。

在罗平生物群国家地质公园，我关注到的是一张特别的图解——地球史中的五次海洋生物大灭绝事件，分别发生在奥陶纪末、泥盆纪后期、二叠纪末、三叠纪末、白垩纪末，灭绝的原因与环境变化有直接关系：海平面下降、气候变冷、冰川发达、海洋无氧等。

罗平生物群恰恰揭开了地球史上最大的一次生物灭绝和复苏的面纱。在距今2.52亿年前，地球进入二叠纪末期，遭遇了一次空前的物种大灭绝，海洋中超过95%的生物灭绝。

如果说，翻炒"凤姣昆明鱼"的旧闻，阐述了生命是一个整体拥有共同祖先的理念，那么翻炒裂齿鱼以及罗平生物群的旧闻，则可以讲述生命大灭绝与复苏同自然环境的关系。由此引出对中国科学院古脊椎动物与古人类研究所研究员尤海鲁的采访，他画龙点睛地指出，当前中国提出"人与自然生命共同体"理念，正当其时，中国呼吁全人类共同维持气候稳定、保护自然环境、阻止污染扩散。

把不同的旧闻进行归类，这种写作手法，可以形成由点及面的规模优势，大大拓展新闻的纵深。因此，我继续翻炒第三条和第四条"鱼"——禄丰恐龙与元谋古人类，我需要通过它们来讲述破解生态保护与经济发展的中国方案。

禄丰本是滇中干燥森林覆盖率较低的地方，其境内发现大量恐龙化石后，当地利用化石发展旅游经济。发展旅游经济，需要绿水青山作为支撑，近些年禄丰践行生态优先、绿色发展理念，2020年全县森林覆盖率达64.84%，县城区空气质量优良率达98.8%，生态环境质量得到持续改善。

与禄丰利用化石开发旅游的方式不同，元谋则是借助"元谋古人类"品牌发展打响了绿色农业经济。自中国最早的古人类在元谋被发现后，这个默默无名的小地方声名大噪。元谋地处金沙江畔，素有"天然温室"之称，光热资源充足，十分适宜生产冬早蔬菜。元谋的绿色蔬菜产业同样需要以保护绿水青山作为支持。如今凭借"元谋古人类"这一特殊的地理标识与绿水青山的环境，元谋蔬菜得以畅销国内外约150个大中城市。

禄丰与元谋的发展路径与中国当前加强生态文明建设的重要战略思想密不可分。增加对两地的报道可以为坚持绿色发展理念，形成人与自然和谐发展的新格局提供借鉴。

虽然禄丰发现恐龙化石、元谋发现古人类化石都是陈年旧事。但这两个事件和这两个地方仍然处在发展变化之中，这些发展变化是新闻事件的延伸，巧妙捕捉发展变化中的新鲜元素，也可赋旧闻以新生。

至此，这盘翻炒旧闻的大菜，烩制完成。

新闻事件失去时效、变成旧闻，并不意味着新闻价值的彻底消失。许多新闻事件因其蕴含的思想价值、信息价值的基因仍在，一旦赋予其合适的阳光雨露，比如新的新闻由头、新的思想视角，或者迎合新的时代需求，就会老树开新花，重新呈现独特的生命力。

如何让古老故事"潮"起来？[①]

小牛敲黑板

2021年，三星堆遗址登上微博热搜，霸屏了各大社交媒体。

中华文明满天繁星，三星堆文明是其中耀眼的一颗明珠，它的发现证实了中华文明多元一体。事实上，2021年是中国考古学百年诞辰，在这个关键节点，中新社政文部策划了"考古百年那些事儿"系列报道，试图用趣味化的表达方式，让考古这一厚重话题"活"起来、"潮"起来。小牛为大家找来了3位参与这次报道的"90后"记者，看看年轻记者是如何讲好古老故事的吧！

01　如何从纷繁复杂的考古成果中选定这10个主题？

张蔚然（中新社政文部副主任）：我们这一系列策划没有从考古百年

[①] 作者：魏园，时任中新社国际传播部记者。

大事记回顾的角度入手设置选题，而是努力发掘一些有趣味性、接地气的选题，把考古这一厚重、专业性很强的领域、题材写得生动有趣。

整体来说，这10篇报道可以分为三大类：第一类是对二里头遗址、甲骨文、秦兵马俑等重大考古成果进行趣味性解读的选题；第二类是老百姓喜闻乐见的、接地气的选题，比如"有味道的考古""高颜值考古"等；第三类则是聚焦报道"考古和城建""考古与盗墓是哪种关系"等行业难题的选题，结合专家采访，尝试给出一些建设性方案。

02 如何将"老生常谈"的考古成果写出新意？

郭超凯（中新社政文部记者）：二里头遗址为夏朝都城遗存已经逐渐成为学界共识，自1959年被发现以来，已经过去60多年之久。在这期间各家媒体发出了大量报道，咱们再做这个选题时怎样才能写出新意？

我的个人体会是，文章要回答老百姓最关心的问题。在搜索文献资料和翻看网友留言后，我发现老百姓对二里头遗址最关心的无外乎两个问题：神秘夏朝是否真实存在？二里头遗址对佐证夏朝存在有何帮助，又为何被认定为夏朝都城？只要解释清楚这两个问题，二里头遗址的神秘面纱基本就能被揭开。

有了问题，下一步就是找到好的采访对象。带着以上两个问题，我采访了中国社会科学院考古研究所二里头工作队领队赵海涛。赵海涛已经在二里头遗址深耕了近19年，他全面地解答了这两个问题，还给我补充了绿松石龙形器、青铜礼器群等二里头文物的出土细节，让文章更加"有血有肉"。好的问题+好的采访对象，成就了一篇好文章。

邢翀（中新社政文部记者）：虽然一直以来对历史很感兴趣，但是作为一名记者，要去讲述宏大的考古、历史人文领域故事，还需要做大量的功课。

比如这次我们有关甲骨文的采访对象是殷墟挖掘的功勋人物刘一曼先生，刘先生今年已经81岁高龄，我们查阅了他发表的论文、出版的书籍，以及近年来的公开学术演讲。后来去到他家中采访，刘先生越谈越兴奋，原定只给我们1小时采访时间延长到2个多小时，我们也如愿拍摄到了刘先生讲授甲骨文字的视频。

其实关于甲骨文的报道有很多，如何能够从中找到新视角进行报道，这是我们在做选题时要思考的一大问题。

在梳理殷墟甲骨历史上三次重要发掘时，我们发现殷墟甲骨第一次重要发掘，也就是出土YH127甲骨窖穴，这背后其实有一段海峡两岸的交往故事。当时参与发掘的石璋如先生后来辗转到台湾大学考古人类学系，而参与了第二次、第三次重要发掘的刘一曼先生在1998年曾去台湾和96岁的石璋如先生进行了面对面交流，这背后透露出华夏儿女对3000多年前祖先留下的珍贵遗产的一种共同守护，这一部分是非常符合中新社报道定位的。

另外我们还抓住了甲骨文研究的世界视野，2017年甲骨文入选《世界记忆名录》，美国、日本、加拿大等十几个国家对甲骨文、甲骨学都有研究，对这一部分我们也进行了报道。

因此我觉得，在宏大的叙事中，抓住我们自身特色，从我们的定位出发，是一个很好的切口。

李纯（中新社政文部记者）：对。刚才邢翀讲到采访"80后"。其实秦兵马俑这篇稿件，我们也采访了一位"80后"，就是我们中新社的前副社长、80岁高龄的老前辈蔺安稳先生，从他当年采访兵马俑出土的故事入手，讲述兵马俑从被发现到走向世界的故事。

我们也把中新社老前辈和兵马俑的故事作为考古系列报道的开篇，既是为了考古系列报道能够有更好的呈现，也是为了体现中新业务的传承，希望能够从前辈身上学习、继承新闻人对业务精益求精的敬业精神。

03　如何挖掘"趣味性"选题？

李纯："有味道的考古"这篇稿子是我主笔的。我本身就"好吃"，这其实是一种对生活认真的态度。从对"吃"以及食物的研究上，能够看出一个特定历史时期人们的生活状态，这是一个研究历史、研究考古特别好的角度，也特别有意思。

我在写这篇稿子的时候，查阅了很多文献和资料，看着看着我就发现，今天人们爱吃的特别火的食物，其实古代早就有了，甚至比咱们吃的还"现代"。举个例子啊，比如说火锅、鸳鸯锅，三国那时候就有了。曹操的儿子曹丕就爱用一种铜器，叫"五熟釜"，就是在火锅中镶嵌出隔板，做到一锅五吃。这跟今天咱说的什么鸳鸯锅、一虾两吃、一鱼两吃是一回事儿。

另外，为什么说饮食考古很有价值呢？因为气味、味道本身就是极难保存、记录、传承下来的。对于一些美食的古文记载，尤其是讲到味道的，现在读起来都要有丰富的想象力。中国地大物博，东西南北的生活差异很大，口味自然也相去甚远，要不怎么有"南甜北咸东辣西酸"的说法呢。

当下都是如此，古今对比肯定也是这样。所以说，了解古人怎么吃，很大程度上就能了解当时人们的生活状态；了解中国人饮食习惯的古今变迁，也能看出气候、物产、社会经济发展、对外交往等方面的特点和变化。

关于饮食考古有很多小细节，仔细琢磨会发现其背后还有不同的故事，好玩儿的地方也就特别多。

郭超凯：其实从严谨的学科划分上，恐龙研究并不属于考古学，而属于古生物学，但在一些民众的认知里，古代墓葬、地宫、恐龙的挖掘和研究都属于广义上的"考古范畴"，所以我们在策划时也加入了"恐龙"的相关选题。

写恐龙，我们还是带着问题出发。中国的恐龙研究从何时开始？有哪些震惊世界或者特别有趣的研究发现？这几个问题构成了我第一篇恐龙稿件《大国"寻龙记"：中国恐龙如何被发现并"走向"世界？》的主体。原本考古系列我们是打算只写一篇与恐龙相关的文章，但我在采访邢立达、彭光照两位专家的过程中发现，专家在恐龙足迹方面的研究非常多，而且聊得非常有趣透彻，所以我临时起意决定拓展为两篇文章。

事实上，公众可能对恐龙骨骼、恐龙蛋这两种恐龙化石比较熟悉，对恐龙足迹比较陌生，但最近几年国内对恐龙足迹的研究也非常有意思。

比如，四川一位叫杨哲睿的5岁小男孩意外发现恐龙足迹，成为国内年纪最小的恐龙足迹发现者，这位小朋友是因为平时爱上邢立达老师的恐龙科普课，才敏锐地察觉到老家后山上的"鸡脚印"就是恐龙足迹。

中国陆地国土面积有960多万平方千米，普通老百姓怎样才能找到恐龙足迹？其实一些诸如"落凤坡""天鸡石"的地名往往和恐龙足迹相关，有些三个脚指头的恐龙脚印和鸡脚印很像，当地居民误把恐龙足迹当成传说中的凤凰足迹，会取类似于"落凤坡"这些寄予祝福的地名，这往往暗示着当地存在恐龙足迹的可能性非常高。这些有趣的恐龙故事，都是在采访专家之前我并不了解的。这其实也给我们一些启示，在写稿子或者采访专家时不一定要预设立场，有时候专家会给我们意外之喜或全新的思路。

邢翀：其实我参与这个话题是缘于我自身的一种体会，由于父母工作的原因，我在西安生活过很长时间，一定程度上见证了这座古都的城市变迁。大明宫想必大家都知道，是大唐帝国的政治中心，也是当时世界上规模最为宏大的宫殿群。但我记得小时候大明宫一带是很杂乱的建材市场、城中村。等我研究生再回家时，突然发现这里已经建起了大明宫遗址公园，代表性建筑丹凤门也在原址被复原。我觉得这是一种很好的变迁。

生活在西安的另一大感受是地铁真的修建得太慢了，第一条地铁2号线历时5年完工，其间发掘出130多座古墓，延误地铁工期，建设成本也要高很多。因此很多人又说，古迹太多影响了城市现代化建设步伐。

我觉得，矛盾之处恰恰有报道的价值，这种矛盾也恰恰考验着我们现代人的智慧。在这篇稿子中，我们采访了西安和洛阳两地的专家，专家提出很多具有建设性的解决方法：比如考古前置，相当于给城市规划建设设置了一个"提前量"，提前一两年进行考古发掘；除了中央专项财政拨款，还可以发行专门性彩票专款专用，调动全社会文物保护的积极性；等等。我觉得都很有启发性意义。

04 考古报道如何厚重但不沉重？

张蔚然：考古百年是一个底蕴厚重的话题，政文部在寻找一些接地气、有新意选题的同时，注重对考古领域大事件、大人物的观察，以及对代表性人物的采访，报道厚重但不沉重，兼具深度和温度。总的原则是希望以更接地气、生动有趣的视角来展现考古这个严肃古老的领域或学科。

如何用通俗易懂的话语科普考古成果，让更多的老百姓爱上考古，既需要考古学家的努力，也需要我们记者从大众传播的角度讲述中国考古故事，让更多人，尤其是年轻人，爱上考古甚至从事考古事业。

还有一个角度，考古不光是关于现在的中国人如何去理解古代的人、古代的生活方式和古代文明，它也涉及中外文明的交流互鉴。这些年来，中国考古不断地通过"引进来"和"走出去"加强考古国际合作，我们把这些故事讲述给世界的过程，其实也是加强中外文明交流互鉴的过程。

新闻淡季如何做"巧妇"[1]

小牛敲黑板

春节前夕寄给海外亲人的包裹，世界杯期间销量暴涨的小龙虾，走出国门、走向世界的国潮国货……除了镁光灯聚集的各种高大上的会议，寒来暑往的四季变换和一蔬一饭袅袅升起的人间烟火同样蕴藏着丰富的新闻线索，等待被挖掘。小牛请来中新社上海分社记者李佳佳为大家分享独门秘籍，带你寻找"新闻富矿"。

记者又不是导游，还能有淡旺季之分？别说，还真有。

往往春暖花开、秋高气爽的季节，各种新闻线索也随之"苏醒"。可到了酷暑炎夏和寒冬腊月，人都不想挪窝，更感觉新闻线索不是避暑就是冬眠去了。

就在写这篇文章的时候，我们摄影记者还在跟我"吐槽"："往年的8月，我还能出去拍拍高温，拍拍台风，今年8月上海啥都没有，扫街都扫不动了。"

说实话，"扫街"可真是新闻淡季的一大利器，文字记者用得，摄影、

---

[1] 作者：李佳佳，中新社上海分社记者。

视频记者也用得。但是"扫街"不等同于"逛大街",若是不带着既定主题,只是漫无目的地在街上闲逛看风景,那"扫街"就算是失败了一半。

01 事出反常必有"新闻"

中新社上海分社有一个经久不衰的栏目叫"申城风景线",与"扫街"绝搭,有点资历的分社同人肯定知道这个栏目。这么多年来,这个主打写作上海新奇见闻、市井百态的栏目也跟随着时代的脚步起起伏伏。

过去多的时候,一个月能出好几篇。近年来该栏目略有式微之势,分社领导也觉得荒废了可惜,故时常鼓励年轻记者多尝试,一来此类题材与讲究"软身段"的中新风格颇为契合,二来也可借此锻炼年轻的采编队伍。

之所以说"申城风景线",也是因为如果想在新闻淡季做一名"巧妇",从这个栏目入手不啻为一种很好的选择。"申城风景线"的稿子没有所谓主办方提供的新闻通稿,稿件漂亮与否,全仰仗你有没有一双善于发现的眼睛。

"扫街"时观察得细不细致,采访采得扎不扎实,没有统发稿的先入为主,行文很见记者功力,对于新入职的菜鸟记者来说,从题材选择、细节挖掘到行文构思直至落笔,还是相当锻炼人的。

我在入职的前几年也做过一段时间的"申城风景线"大户,以至于有一次到总社培训,一位领导听到我名字后说的第一句话就是:"我知道你,你就是那个经常写'申城风景线'的记者。"

彼时听到这样的评价,还颇有点失落,怎么人家都是什么大型采访、什么重要报道给领导留下印象,到我这儿,却是因为写了很多"市井小作文"呢？可是，现在回头想来，社会新闻让我快速成长，领导此言也算是另一种褒奖吧。

上海之所以被民间称为"魔都"，不仅因为其繁华，还因为上海常发生一些让人想不到的事情，常年走在潮流的前列，这就为淡季寻找新闻的记者提供了丰富的素材。

比如，每到年关，随着家政服务人员接连踏上返乡归途，上海就会遭遇大面积的"保姆荒"，于是2007年的春节前我着重关注这一群体，高薪留保姆并不少见，但你见过和保姆携手返乡的吗？

当年发现的这个新现象，着实让身处新闻淡季的我高兴坏了，这可真有代表性，于是《申城风景线：追随保姆返乡 申城春运显现新气象》由此诞生，当时连央视新闻都报道过。

除了春运，春节前给海外亲人邮寄包裹的"新民俗"也在偶然间闯入我的视线，过去因为国内物资不够丰富，生活条件有限，逢年过节都是海外往国内寄包裹，丰富国人的节日生活。

可是近年来随着国内经济生活水平的提高，反向寄包裹渐成一景，包裹的内容也发生了变化，这样的小切口的确是外宣的好题材，于是那一年《申城风景线：沪上"爱心"包裹维系学子乡土情》出炉了。

总结下来，淡季里需要的就是眼力、耳力、脚力、思考力，但凡看到有悖于常理的事件，那往往就是新闻的所在。

02　热门事件+本土热点，真香

如果你说，我没在大城市，遇不到那么多新奇事儿，那么善于联想与资料整合也是淡季寻找题材的一大法宝，甚至那些远在万里之外的世界级体育比赛，看似与你产生不了联系，但只要有心，也能帮助身处淡季的你开拓思路。

你能想象得到，世界杯热潮会影响到成人纸尿裤的销量吗？这是2010年南非世界杯期间韩国中央日报中文网的一则消息，题目《韩媒："世界杯热潮"令韩国成人纸尿裤热销》，短短一篇文章也就三四百字，却让人们从一场希腊队与阿根廷队的比赛中，看到了韩国人生活中颇为有趣的一面。

因为中老年人喜欢在家为球队呐喊助威，于是韩国零食品牌"韩果"在那期间销量增长了324%，而为了应对占位等候时发生的内急情况，成人纸尿裤的销量也在那个阶段出现了168%的暴涨，且多为年轻顾客购买。

这是多么有"味道"的一则经济新闻啊！据我所知，很多外媒喜欢进行此种操作，这种稿子看似写经济却不枯燥乏味，看似写民生却又妙趣横生，可为我们提供借鉴。2018年俄罗斯世界杯之际，我写了一篇《7500余万只中国小龙虾提前引爆"世界杯经济"》。

宠物经济、她经济……某某经济一直是国内媒体爱用的标题，那么世界杯期间，中国又有什么样的"世界杯经济"呢？往这里面挖挖，或许能给淡季的新闻采访增添点"烟火气"。

在这篇"小龙虾"稿件中，国内某大型电商平台提供的数据恰好给了一个绝佳的切口，从世界杯期间小龙虾消费的异军突起，看中国近几年风生水起的新零售经济以及农产品出口，一篇消息足以窥百态。

东京奥运会期间，我"故技重施"，再次从"奥运经济"入手。疫情让东京奥运会呈现出与以往不同的风景，比赛的"空场举行"让中国产的投影仪意外在日本走俏，而宅家运动也带火了线上体育消费，并且还能从中看到国货出海，以及中国制造强大的竞争力，《东京奥运会吸睛又吸金 中国货受欢迎国潮品牌成"顶流"》可以说篇幅不长、干货不少。

热门国际事件＋本土消费热点，巧妙地寻找它们之间的连结点，再运用现有的数据资料作为补充，这分明就是寻找选题的"真香"现场嘛。

03　深刨政策背后的新闻富矿

最后，淡季巧做"无米之炊"还有一个方法，那就是依靠平时的题材积累，不管是素材的积累，还是人物的积累，这时候都可以派上用场。找到一个当下热门的主题，往广里啃，往深里刨，很多看似不起眼的领域，其实是一个蕴藏巨大的题材库。

简单举个上海分社的实操案例——在线新经济，说句玩笑话，这可是上海分社捉住的"金鸡"，如果说在线新经济是创业就业的新富矿，那它也是新闻记者采访线索的新沃土。

2020年4月，上海市政府办公厅印发了《上海市促进在线新经济发展行动方案（2020—2022年）》，虽说只是地方性政策，却全盘激活了社会经济生活的方方面面，无论是无接触服务的走红，还是生鲜电商的破局，关于上海在线新经济的话题常说常新，似乎永远有新意，总是说不完。

基于此，上海分社于2020年上下半年分别策划了两组选题——"上海在线新经济"系列和"新经济新面孔"系列，并最终依托于这两个系列的报道实现了总社领导所提倡的"新闻+"顺利"破圈"，分社围绕在线新经济的活动，在分社同人的共同努力下取得空前成功。

综上所述，多走多看，善抓社会百态新、奇、怪；多思多想，构建热点选题与本土的连结点；深挖广刨，吃透政策背后的经济逻辑与趋势。看，做一名新闻淡季时的"巧妇"，其实也没有想象中那么难。

气象新闻也能写成段子[1]

小牛敲黑板

追台风、战高温、扛极寒……跑气象新闻，体力很重要。但要写好气象新闻，更少不了"有脑"、"有心"和"有趣"。请"追风少女"——中新社上海分社记者李姝徵跟大家聊聊如何写出一篇生动活泼的气象新闻。

01 气象新闻没现场，看你不如看预报

现场感是气象新闻的灵魂。

在气象报道中，能不能将自己在现场的所见所闻所感落笔纸上，传达给读者，直接决定了稿子是否生动可读。

在一些灾害性气象事件中，记者在报道一线的所见所闻已具有足够的

---

[1] 作者：李姝徵，中新社上海分社记者。

033

冲击力，不愁不出稿。

面对城市中相对平淡的气象事件，是否就无稿可做呢？

刚接气象条线时，我对此也犯过难：上海气候相对温和，夏季最高气温大约38℃，冬季最低气温在0℃徘徊；虽时常受到台风的影响，但与东南沿海一带相比，直接登陆的台风屈指可数；加之相对完善的城市应急管理系统，往往能将气象灾害"化解于无形"。

实际上，数年的报道经验让我明白，要将常规化气象报道做得生动可读，需要抓住几个重点：找准现场、解读数据、采对"体验官"，以及足够大的"脑洞"。

02　东边日出西边雨，新闻现场在哪里？

"十里不同天"，同一座城市中不同区域面临的气象状况不尽相同。这就需要我们根据所在地的情况，对即将到来的气象事件有初步的预判。

正确的时间加上正确的地点，才能在"平平无奇"的气象事件中，找到"不平凡"的新闻点。

战高温，是夏季必备的选题，每年我都要当几次行走的"五花肉"。虽然没被烤熟，但我的鞋底在上海的极端高温中被烤掉了。

那是2017年7月的一天，上海气象部门发布消息称：当天最高温度很有可能突破历史极值。

见证历史的时刻怎么能错过！我在心里盘算，哪儿最热呢？于是，我在当天中午登上了上海警方的水上巡逻艇。

不出所料，果然够热！江面毫无遮蔽，烈日下的巡逻艇成了名副其实的"铁板烧"，用测温枪对准甲板一测：好家伙，76℃！

还没等我发完感慨，脚下有一阵说不上来的怪异感觉——我的两片鞋底和鞋子分了家。

这时，一旁的警察"蜀黍"告诉我，盛夏时甲板温度过高，他们工作时需要穿着特种胶鞋，才能避免鞋底被烫掉的"惨剧"。这一幕自然被我写进了当天的高温稿件中。

有时候，你错过的新闻现场，可能也隐藏着新闻点。

举个例子，上海气候较温和，冬季虽然时常遭遇湿冷的"魔法攻击"，却是个"贫雪"的城市。对于降雪概率较低的上海，雪花算得上是奢侈品。

物以稀为贵，下雪是上海人入冬后的一大期待，也是我在冬季气象报道中的重点关注对象。

南京下雪了，飘雪的玄武湖太美了！杭州下雪了，银装素裹的西湖仙气飘飘！然而，相比隔壁城市的"霸屏"雪景，上海的雪有点"玄学"：下不下？不一定。能不能看见？碰运气。

我曾经错过一场"上海高海拔地区"独享的初雪。

那天正是"大雪"节气，蒙蒙细雨，又湿又冷，朋友圈却被飘雪视频"刷屏"：原来，有网友在上海中心大厦119层拍到了今冬上海初雪。细小洁白的雪花飘扬在552米的高空，是上海小陆家嘴"高海拔地区"独享的美景。

"凭什么别人赏雪，我淋雨？"带着这样的问题，我采访了气象专家，分析这一现象的成因，做了一篇应景又有趣的稿子。

· "天鹅"送暴雨 上海变"海上"

03 如何写活？解读与"吐槽"都很重要

在气象报道中，单纯罗列数据很容易写成天气预报，因此我们需要对其进行比较和解读，才能用好、用活手头的数据。

最容易出新闻的是与历史同期数据进行纵深比较，高温、极寒、干旱、暴雨……占了一个极值，稿子就有戏。

极端天气成因复杂，其造成的影响并不囿于一城一地，在采访当地气象部门之外，也可以多看看相邻省份的气象报道。

若遇上厄尔尼诺等大范围气象事件，还可以将当地天气情况与全国的气象"大背景"相结合，进行分析解读，这也是让稿件更扎实的好方法。

天气状况直接影响到人们的心情，每个人都是气象"体验官"。而且论起"吐槽"，真是高手在民间。因此，在比较数据、采访专家之外，不妨找一找"体验官"们，往往能收获既精准又生动的"神吐槽"，为稿件增色。

记得2018年12月至2019年2月的冬季，长江中下游多地陷入阴雨寡照，上海的雨日与降水量均逼近历史极值。

上海的日照数据更是惊人：累计日照时数仅145小时，日照总时数仅为常年冬季的三分之一。若按日均日照4至5小时计算，足足有两个月的阳光"人间蒸发"。

彼时正值电影《流浪地球》大热，"问世间'晴'为何物"的网友们造出一个热词"流浪太阳"——怀疑太阳给自己装上发动机离家出走了。

对罕见的气象事件进行数据深读，加之社交平台上的讨论度，不愁出不了好稿子。

2018年夏天,上海先后遭遇台风"安比""云雀""温比亚"登陆,中间还夹着台风"摩羯"带来的风雨影响。

30天内4场台风"舞动申城",在历史上实属罕见。除了报道"防汛抗台、严阵以待",我尝试开发台风的"多种报道方法"。

除了采访气象专家进行成因解读,我还将台风的成因、路径、频率生动展现。

·"云雀"登陆上海 申城半月内遭台风"两连击"

04 树"怕冷",钟"怕热":"惨"的不止你一个

每个人都是天气的"体验官",可有时候,这个"体验官"还真不一定是人类。

因为暖冬而提早从冬眠中苏醒的乌龟,因为天气炎热而失去"食欲"的鸽子……

只要留心观察,"脑洞"大开,许多生活细节都是为稿件增色的"佐料"。

此外,若能将气象事件与社会新闻相结合,做出来的稿子往往别有一番妙趣。

比如夏天"高烧不退"的上海，曾经让外滩海关大钟"中暑"。上海海关大钟是上海地标式建筑，和英国伦敦的大本钟是"姊妹钟"。持续多日的高温加之昼夜温差大，已是"耄耋之年"的海关大钟经不起折腾便"罢工"了。巧的是，她的姐姐大本钟也于同年同月开启长达4年的大修。

当你在湿冷的"魔法攻击"下瑟瑟发抖时，看到路边的大树居然也穿上了"毛衣"，会不会心生羡慕？一年冬天，还真有人给上海的树"穿毛衣"——一群在沪外国人整整织了一个月，用五颜六色的"毛衣"让南昌路上的梧桐树焕然一新。并非树"怕冷"，而是国外流行的"针织涂鸦"。

·上海"高烧不退" 外滩海关大钟"中暑"

·上海开启"速冻"模式 在沪外国人给大树"穿毛衣"

留心每一次气象事件带来的不同现象，拟一个吸引人的标题，加上生动的表述，有了时新性和灵感的"加乘效应"，好稿子正在向你招手。

央媒编辑告诉你什么是"好"视频新闻[1]

小牛敲黑板

先后参与制作短视频千余条，审核新闻稿件3000多条，参加了中共二十大、2023年全国两会、成都大运会等重大主题的相关报道……

小牛特邀中新社视频部编辑刘世炯，请其结合工作实践，和大家谈谈对"好"视频新闻的理解。

视频新闻具有传播迅速、形象生动、传播内容丰富、立体展示等特点，尤其是在当下这种信息碎片化时代，人们倾向于去看更加直观的事物，视频新闻一定是一个很好的出口。

与文字新闻和图片新闻不太一样，视频新闻一般需要结合声音、画面和文字，一条好的视频新闻一定是这三者的有机结合，实现动态平衡。

---

[1] 作者：刘世炯，中新社视频部编辑。

央媒实操课： 好报道都有迹可循

01　画面：多找现场鲜活镜头

对画面的第一层要求是规范。

镜头画面尽可能稳定，注意景别的区分，在这里给大家的一个建议是在没有足够专业设备的情况下，尽量多拍固定镜头，少用运动镜头。

一个镜头的时长在5—10秒为最佳。同时在条件允许的情况下，镜头类型要尽可能丰富，比如说远景、中景、近景和特写区分开来。

举个例子：我们在拍一场活动的时候，放在开头的一般是远景或是全景，然后镜头可以逐步贴近。

镜头要尽可能成组，比如有一个左边的镜头，相应也要有一个右边的镜头；有一个左边扫全场的大景，也要有右边的；有推上去的镜头也要有拉回来的镜头。总之，镜头类别要尽可能丰富，这样可以在制作的时候有更多选择的空间。

对画面的第二层要求是多找现场鲜活的镜头。

不一定都要围绕核心事物和人物去拍，当然这些东西也要有，但是这些镜头肯定有很多人去拍，这样的镜头重复率是相当高的，所以如果能够多拍一些围绕着核心事物和人物以外的现场元素，会使视频新闻更加生动、鲜活。

在一些活动当中，可以注意一些别有心思的小摆设，或者是人们在体验某种事物的过程。

比如马英九在参访大陆的过程当中，其坐在新能源汽车上有个竖起大拇指的动作，给大陆新能源汽车点赞，这个镜头其实就是当天活动的一个精华和缩影。如果能够记录下来这些内容，会使得新闻更加接地气，更能打动人。

02 声音：现场声"非常珍贵"

在视频新闻当中，声音常常是被忽视的，但其实现场声是非常珍贵的，一段好的现场声搭配画面能快速拉近与受众之间的距离。

所以，关于声音，给大家的建议是，要尽可能保留现场声，以供挑选。比如，在上海双城论坛期间，台北市长蒋万安访问上海夜市，在品尝桂花糕的时候，他脱口而出"这个桂花糕，有桂花的味道，很好吃"。无形当中就拉近了跟受众之间的距离。

又如，马英九回乡祭祖的时候深情地说了一句"湘潭伢子回来了"。这样的现场声如果能够保留下来，远比直接加背景音乐好得多。

再如，音乐会、戏剧、歌剧，相关新闻一定尽可能保留现场声以供制作者挑选。

03 文字：尽可能简洁明了

对视频新闻文字的要求是与画面适配，也就是有什么样的文字就要有什么样的画面，文字解释要尽可能少。

如果说一条视频新闻，不加文字解释受众完全看不懂，那这条视频新闻是失败的。

视频新闻画面应该简洁明了，同文字稿一样，有起承转合，文字应当充当画面的辅助，而不能喧宾夺主。

除此之外，还应当注意的是，文字应该尽可能简洁明了，少用一些花

央媒实操课： 好报道都有迹可循

式的词汇堆砌。我们在做稿子的时候，尤其在做一些风景类稿件的时候，发现一些记者很喜欢"拽词"，如在形容某项景观的时候，用上一连串的形容词，这其实是不合适的。因为在视频新闻当中画面足以向受众展现一切，所以文字应该尽可能简洁明了。

02

点睛之笔在哪里

如何找到最有新闻价值的"那句话"？[①]

小牛敲黑板

"新闻就是'他说'。"新闻工作要求记者报道他人说的话，即要使用引语。引语分成三种——直接引语、间接引语和部分引语。

其中，直接引语可以使稿件具有现场感，让新闻报道具备信息权威性，让新闻故事更具冲突性、戏剧性和人情味，令读者意识到所报道的事件涉及有血有肉的人，放大信源的声音、想法和观点，揭示信源的内心世界，调整报道节奏。

直接引语的种种优势使记者在写作中乐于使用。但目前许多稿件中直接引语的使用不够精当，出现"过剩"乃至滥用的现象。

01 有价值的直接引语包含哪些特质？

1.采访对象说的能够构成妙语、警句的话，能让人们牢记的话，能

[①] 作者：戴梦岚，时任中新社通稿中心编辑。

生动、清晰传达说话人强烈情感或反应的话，往往体现新闻人物的性格特点。

如：

"你的牛皮也太大了吧！"朱镕基终于忍不住插话了。

"发现就要撤你的职了！"朱镕基提高了声调。

——《朱镕基："你的牛皮也太大了吧！"》

2.采访对象说的具有揭示作用、关系新闻本质的话。

如：

鹿钟麟笑着问溥仪："你还记得吗？当时我把你押出王宫送到'醇亲王府'，临下车时我问你，你愿意做老百姓呢，还是做皇帝？"

溥仪说："我记得很清楚。当时我说要做老百姓，可是，老实说，那时心里想的完全不是那么回事。"说得大家都笑了。

——《溥仪和鹿钟麟等在北京会见》

3.采访对象以不同寻常的方式说的话，如方言或口语化的表达、精彩的比喻、偏激的话语等。

如：

不少年轻人在认购现场详细询问了股票、有价证券等的含义后，一面购、一面戏言说："阿拉也要尝尝做老板的味道。"

——《上海重新发行股票》

4.重要人物说的话。这类语句往往极具新闻价值，由于他们所处地位特殊，他们说的话同人民利益密切相关。

如：

邓小平还说："中国人站起来、面上有光彩是什么时候？是新中国成立后。只有一个统一的中国，所有中华民族子孙不仅是站起来，而且是飞起来了。"

——《邓小平会见李远哲和李政道教授》

5.重要新闻现场相关人物说的话。

如：

十三日下午，一声声的"妈妈"穿透废墟，直达地面。任老师听到了，赶紧上去，告诉孩子们，"保持体力，不要再发出声音，老师在这里，跟你们妈妈在一样"。

——《"妈妈"声穿透废墟》

陈勇说，他的耳边一直萦绕着学生呼喊"救命"的声音。"我总感觉，废墟下还有生命"，他和战友们，"一定要把他们都救出来"。

——《"我总感觉废墟下还有生命"》

6.争论中各方说的话。美国新闻学者特别强调用直接引语反映矛盾双方的真实立场、观点和主张。

如：

两岸商签经济合作框架协议(ECFA)，最近成为台湾舆论热议的话题。对于这项互惠双赢且大陆愿意"让利"的安排，台湾有个别媒体泛政治化，如"绿：ECFA 冲垮 321 万白领""签 ECFA 冲击就业人数 590 万""签 ECFA 香港化月薪剩 1 万"等标题，十分耸听。

马英九说，在这段时间，"各位都听到很多很恐怖的话，说签了(指 ECFA)的话，我们劳工就会有 300 多万人失业"。他特别用闽南语说，"我向各位保证，这拢是黑白讲啦(意指乱说)！"

——《签 ECFA 令三百万台湾劳工失业？马英九严词驳斥》

02　无价值的直接引语有哪些特点？

1.采访对象并没有透露有用的信息或事实本身明白无误，这类直接引语多为套话空话、观点立场不鲜明的话。

如：

某市市长说："我们已经启动了突发事件应急预案。"

"船员对保障国际、国内物流供应链稳定发挥着重要作用，我们将通过海事劳工条件检查，强化船员权益保障，为畅通水上物流循环提供高质量的人力支持。"某海事劳工条件检查工作站站长向记者介绍，"海事劳工条件检查工作站还将承担海事劳工公约履约研究、船员权益保障研究、船员公益服务等工作任务，为××自贸区和××国际航运枢纽建设营造良好航运环境"。

2.平铺直叙、长篇大论、毫无选择地引用采访对象的话，会让直接引语失去意义。《美联社新闻报道手册》提到："年轻记者会在文章中引用许多原话，但等成熟以后做真正意义上的报道的时候，你会发现只有真正的精彩的引语才有用。"

如：

"××特色商品汇聚中心由××国际物流园联合××博览会共同打造，项目计划总投资约31亿元，规划总用地面积约1091亩，项目一期计划在今年9月建成并试运营，力争成为以RCEP区域国家为主的外国商家进入中国市场的首站。"××公司副总经理××介绍说。

××公司总裁××说："我们明年的目标是产量增长20%，市场占有率扩大10%，多招收300名员工，股票价格维持现有水平。"

03 如何使用直接引语？

使用直接引语的方法通常包括：

央媒实操课： 好报道都有迹可循

1.如果合上采访本也对新闻人物的某句话印象深刻，那么它可能就是一条好引语。

2.直接引语的使用应以准确为最高原则，并要防止断章取义。

3.合理修正直接引语中的语法错误。为了让受众更加准确地理解说话者的本意，在不篡改原意的前提下，可以合理修正直接引语中的语法错误。当然，如果这种语法错误本身构成了说话者的特色（如"大约孔乙己的确死了"这句话中，"大约"和"的确"是矛盾的，但这构成了鲁迅的语言风格），那么将这种"错误"予以保留也是一种智慧的选择。

4.用新的段落开始一段新的引语，不同人说的话要用不同的段落分别表示，特别是在报道争议、矛盾、冲突时，用不同的段落表示一方的原话，有助于读者快速辨识矛盾和冲突所在。

5.恰当的直接引语要由身份恰当的人说出来，才能使文章具有说服力。

美国新闻界有云："记者应该把直接引语当作报道的调味品，而不是牛肉土豆。"新闻报道中没有直接引语会令稿件失色，通篇都是直接引语也会让叙事失去焦点，让读者倦怠。在直接引语的使用上，我们应该努力寻找最有新闻价值和最有代表性的"那句话"。

"没有采访的佳作"怎么写？[1]

小牛敲黑板

一线记者常常表示，有海量素材、不知道用什么是一种难，采访不到关键信息、不知道写什么更难。

或是集体采访中其他媒体人多势众把关键人物"拽走了"，或是被访者对重要的"点睛"信息讳莫如深，或是现场杂乱、时间紧迫。采访不到，就写不了稿吗？一起来看看本文作者的看法。

01 另辟蹊径之一：沉默是金

中新社曾诞生一篇"没有采访的佳作"——写于汶川的《那一夜，我们没有采访》。

整个行文几乎都是记者参与救援的过程，插入即时的现场描写；所有

---

[1] 作者：苏碧滢，中新社通稿中心编辑。

直接引语并不是采访而来,而是当地百姓求助记者,甚至记者催促司机快点开车的表述。

记者站在民众中间,大家悲喜与共。

中新社福建分社记者林春茵与笔者交谈时提到,"共情"是记者面对采访对象需要具备的素质。出于采访伦理,有些伤疤不要碰,有些问题不能"硬问",有时只需要安静陪伴。

采访台湾复兴空难时,林春茵见到遇难家属那一刻,只是上前握住对方的手。

记者适当沉默,也许会收获意想不到的回应。

02 另辟蹊径之二:灵活化用

除了在现场"放弃"采访,一些题材约不到采访也可成为"点睛之笔"。

1986年6月4日,中新社记者陶光雄在《厦门律师"供不应求"》消息中写此导语:"实在是太忙了!"厦门对外经济律师事务所主任张斌生在电话中取消了记者采访的预约。

仅此一句,当地律师行业的"忙碌"跃然纸上。

记者接下来用几段文字解释了律师们过于辛苦的原因,比如社会经济快速发展,经济案件和纠纷增多,使人们逐渐认识到律师的作用等。

全篇唯有一句律师现身说法的表述,但依然让这篇几乎都是背景信息的消息丰满亮眼。

在《(中国这十年·斯人)"敦煌的女儿"樊锦诗:用一生守护"少年时代的一个梦"》中,中新社甘肃分社记者冯志军写道:

"除了受邀讲述'敦煌故事'的个别讲座,樊锦诗已很少在公开场合露面，更鲜见接受媒体采访。

近年来，中新社记者通过多种途径联系，试图对她进行一次专访，但均被婉拒。

直到临近退休，樊锦诗才对记者说，自己已由'敦煌的女儿'变为'敦煌老太太'了。"

她工作时潜心治学、低调做人的形象，被"拒绝采访"的描写塑造出来了。

03　另辟蹊径之三：切换视角

要是缺了某段采访就是写不下去呢？比如想采访企业主，对方官话套话太多用不了，或是直接"回怼"："看资料不就行了。"

这时候，记者如果在现场，可以观察企业主身边的秘书、接待人员，甚至驻扎酒店的前台。他们何以进入这个企业？经历了企业怎样的发展？感受到当地怎样的变化？

有时抱着强烈目的的采访反倒不如插空闲聊，平实、生动的视角更容易吸引受众。

记者如果不在现场，不妨把视角放大。我们的目标企业在当地是什么定位？可不可以查找过往的相关报道、报告数据？可不可以请求当地宣传部门提供相关的政策成果？

纵向联想，这样的企业何以发展至今？横向联想，此类项目在该省该市有什么创新性？实在不行，问问相关领域的学者专家对该企业发展前景的看法。

当然，如循中新风格，可以不必每篇报道都塞好几个采访对象。横向

央媒实操课： 好报道都有迹可循

纵向专家一应俱全，不仅字数会超，还可能写散了。尤其是消息，主要新闻点真实、新近，背景信息适度即可。

若是记者有幸曾与采写对象交流过，那"不用白不用"。

条条大路通罗马。我们冀望记者都能有接近现场、自如采访的机会，但实在不成也可另辟蹊径。

数据里面有黄金[1]

小牛敲黑板

作为一名跑经济线口的记者,中新社湖南分社鲁毅常碰到各种经济数据。每到特定时间节点,相关部门总会发布几页数据报告。

而她所在的湖南,经济比不上北上广,关注度也不如区域中心城市,如何从总值、增加值、增速、占比等经济指标中找到外界关注点,让她困惑不已。

报告似乎年复一年,年年如此。有什么意义?谁关注?但是,不得不承认,这堆数据绝对是一座新闻富矿,大到经济社会发展、小到人们日常生活的变化,都在这些数据中得到直观体现。

如何呈现、分析、解读数据,从数据中发掘新闻,用数据解读经济现象、发展故事?鲁毅梳理了这些年在数据中抓耳挠腮琢磨的思路,与大家一起交流。

---

[1] 作者:鲁毅,中新社湖南分社记者。

01　选择数据

中国经济进入新常态，从中央到地方的经济发展越来越受关注，各类数据发布也逐年增多。各个经济领域每年都要发布季度、半年度、年度统计，一堆干巴巴的数据，读者应关注哪些？新闻报道应该抓取哪些数据来呈现阶段成绩、变化、亮点？

首先，选择宏观数据中"首次突破""最快"等这些反映惊人经济和社会效应、反映行业领域跨越式发展和"质"的飞跃、里程碑式的大数据。这类数据因为足够亮眼，一般容易引来关注，我把遇上这类数据称为"捡新闻"，如《广铁暑运运客首破亿人次 高铁占七成》《武广高铁开通运营十年运客逾5亿人次》。

其次，在区域、全国背景下选择地方数据，例如全国第一、中部第一、增速第一、翻倍等跨越式增长，抓住这些超常规的关键数据，加上数据对比和相关部门负责人或相关行业专家简单分析，一篇消息稿就有了。而数据背后的故事，我们可以再深入挖掘。

除了在上述这些"标签"式数据中找新闻，还可以关注关系民生、回应热点的数据，对经济现象保持敏感，带着新闻目的在数据中找答案。

比如：前两年受非洲猪瘟影响，生猪供给不足，猪肉价格一路走高。作为养猪大省的湖南，其生猪生产情况一定备受关注。2020年1月19日，国家统计局湖南调查总队对外发布《2020年湖南民生调查报告》，我选取了其中水稻产量和生猪生产的相关数据，后发出消息《2020年湖南粮食总产量重回600亿斤以上 生猪产能持续恢复》。

除了民生领域的消费数据，国家发展战略在省级层面的影响，也是必须关注的领域，比如新基建、5G。

随着共建"一带一路"倡议不断深入实施，中国与沿线国家经贸文化交流合作日益频繁，对正在打造内陆开放新高地的湖南而言，哪些新动作会带来哪些利好？带着问题，关注地方海关、商务部门在特定时间节点发布的统计数据，不难找到地方与国家战略的衔接点或是国家宏观政策在地方的体现。

比如关于"一带一路"，结合湖南自身特点，就有了《"一带一路"沿线市场成湖南进出口新增长点》《"一带一路"沿线国家成湘企对外投资合作最热区》等报道。

02　分析数据

以单一数据或某一领域的数据就能阐述本地区经济发展故事的情况不常有，对于经济不够突出、关注度相对有限的内地省份而言更难。

那么，在日常烦冗的数据中，找不到单一数据的新闻价值时，基于中央大政方针政策举措的背景，统筹分析、对比，寻找数据的内在联系就十分必要。

如果能将数据以清晰的逻辑呈现出来，我们或许就能抓到足以成篇的经济数据。

打通数据之间的逻辑，横向和纵向的数据对比是最常用的思维方式。比如，改革开放40年之际，湖南举行一系列新闻发布会，通报了各个领域的成就。

我梳理湖南改革开放以来开放口岸从无到有、贸易通道等开放平台不断完善的发展进程，以及外贸总量的变化，最终发出《湖南"水陆空网"做全球买卖 外贸总额40年增长逾万倍》一稿。

2020年新冠疫情席卷全球，各行各业都受到一定影响。8月21日，世界工程机械行业巨头中联重科发布半年报，企业净利润逆势增长55.97%，业绩表现颇佳。

但对于一篇对外通稿而言，单个企业的业绩表现不足以成篇，如果长沙4家全球工程机械50强企业的业绩表现整体飘红的话，则在一定程度上反映出中国工程机械之都的盈利能力与竞争实力，也一定能受业界关注。

于是我紧盯着另外3家企业的半年报，8月28日三一重工半年报发布，实现"超补偿反弹"的营收业绩。

当天，我以中联重科、三一重工、山河智能、铁建重工4家企业的年报数据进行横向对比分析，发出经济观察《"长沙军团"半年报：营收逆势增长显实力》。

除线性对比之外，也可以通过数据整合、统筹分析，来解读、还原事件整体的综合实力和发展趋势。

在做新中国成立70周年的系列报道时，湖南省举行的相关发布会发布了一系列宏观数据，我参加的第一场发布会正是由省发改委发布湖南经济发展各方面宏观数据。

我最终选用湖南的国际经贸"朋友圈"、在湘世界500强、开放平台数、"三新"经济数据、经济规模总量等数据加以统筹分析，结合地方政府的发展战略，发出了报道《创新开放双轮驱动湖南发展新格局》，阐释解读了"创新引领、开放崛起"战略背景下湖南的发展新定位、新动能、新速度。

03 解读数据

单次发布的数据通常是单一的、静态的，但把数据置于全局之中思考，却能反映其所在领域的问题、现状、趋势的变化。寻找数据背后的真相与故事，不外乎这几方面：效果、趋势和规律。

见证效果。时政、财经新闻往往伴随着翔实的数据披露，新的经济政策出台后，与我们的受众关系如何，会怎样改变我们的生活，给我们的生活带来了哪些变化？权威数据报道最能调动整体说服力。

2018年初，我在一条地方项目签约报道中看到，埃塞俄比亚湖南工业园还未建成就吸引了一批企业签约入驻，获得数千万美元投资。

我迅速联系湖南省商务厅，详细了解湖南境外产业园的整体建设、入驻园区企业等情况，以及湖南企业海外基地建设首选目的地的偏好等，并采访企业的"入园"感受，最终发出通稿《境外产业园加速湖南企业"抱团出海"》。

寻找趋势。一般情况下，受众对单一数据的印象往往是模糊的，不知所云的，但是数据的变化、特点，以及所反映的趋势，却能为受众、为经济决策提供参考。

我在2017年初的"湘企出海+"创新服务动员会上获悉，2016年湖南全年共实施跨国并购33起，中方并购合同金额达到33.5亿美元。

在当时，中国企业开展跨国并购已非稀奇事，但一个内陆省份全年密集实施跨国并购却不简单。经向省商务厅求证核实数据，查阅湖南2016年底经商务部门核准（备案）的湖南省境外企业规模等，我最终发出《"海外湘军"初具规模 轮番并购融入全球产业生态》。

一方面，发展壮大的湖南湘军不断与国际市场并轨；另一方面，外资也不断进入、扎根湖南。

湖南省商务厅2019年上半年数据通报显示，湖南获得的外商直接投资中超过四分之三投向了服务业，我结合在湘发展的行业巨头表现，最终发出《湖南服务市场受外资青睐 多家行业巨头收获颇丰》。

分析规律。新闻可以突然产生，但现象级新闻却不可能凭空产生。所以探究经济现象、趋势背后的原因，才能发现不同。

春运备受关注，但如何保持常写常新？不断刷新的客流量、越来越多的春运逆流人群、银发族……什么才是新闻？春运群体、出行轨迹都不太新的时候，那么对某一类群体乘客数量变化背后的观念变化是否可以一探究竟？

我通过关注微博、朋友圈信息，还有大量的采访发现，传统团圆观念的悄然改变已是时代变迁下众人自然而然的选择。所以，2019年再度选择逆向春运的选题时，我将稿件的关注点落在团圆观的变化上，最终成稿《父母异乡守岁成潮流 "反向春运"折射新团圆观》。

如何在年复一年"不变"的数据发布中找到不断变化的新闻？简而言之，只有不轻易忽略任何一组数据，对数据保持敏感，不时跟踪数据，对每一组数据变化始终葆有分析、探究的好奇心，才能抓住数据并洞悉其背后的故事。

打动自己才能打动读者[①]

小牛敲黑板

有前辈说过，记者不仅是思考的笔杆子，还要做社会活动家。既然要做社会活动家，那自然少不了与人打交道。在这个过程中，不仅可以发掘故事做稿件，还可以累积素材交朋友。

工作几年下来，中新社湖南分社记者刘曼对人物通讯写作有以下几点感受，同大家探讨。

01 找好人物　做足准备

每个能成为稿件"主角"的人物，都是有新闻性和故事的对象。采访是写好人物通讯的基础，而想做好采访，就需要我们提前做实功课。

做新中国成立70年的相关稿件时，生于1949年、多年前有过几面之

[①] 作者：刘曼，中新社湖南分社记者。

缘的蒋盛武老人成了我的采访目标。蒋盛武是粮票收藏圈有名的人物，不仅因为他拥有"海量"的火花和粮票等老票证，其骨子里对收藏的热爱和执拗，更让人乐道。

虽说是老相识，但这是我第一次跟他面对面交流。我把网上所有能找到的相关资料查了个底儿朝天，还了解了一些基本问题，如粮票的种类、票面题材、票证经济，等等，想着万一他不是很擅言谈，那这些或许能打开他的话匣子。我个人将此理解为"暖场"，用来让受访人尽可能多说话、多表达。

还有就是要对采访对象时刻充满好奇心，试着去探索他每个举动背后的动机或意义，这体现在列采访提纲时和采访全程，多问"为什么""是什么""怎么样"，像挖宝藏一样，期待最终收获"金子"。

最后，做好技术性的准备工作，如备好笔记本、录音机，架起手机全程录像，等等。采访前的准备工作做得好，可以提高采访效率，收到事半功倍的效果。

02 现场"挖"细节 多多益善

除按照采访提纲进行交谈外，在采访过程中还要注意采访对象的神态表情、衣着服饰、肢体动作等，甚至是受访人中途接电话的内容、语气，这些细节都可以反映出受访人的工作状态、性格特征和心理特质，从而在不经意间为后期写稿提供"附赠"的素材。

在采访"爱心爷爷"肖光盛老人时，我们注意到他当天穿的那件衣服的第二粒扣子是缺失的，家里剃头的装备齐全，89岁高龄的他，只要一谈到捐资助学就异常兴奋，一时激动后仰，不小心头"嘭"的一声撞到墙壁都不自知。

这些小细节也让我感受到，他是由衷地把那些贫困孩子的求学梦放在心间，为了帮助更多的人，勤俭节约于他已是再正常不过。

在采访之余，我们也可以通过直接参与受访者工作生活、采访被访者亲友同事等间接采访的形式收集到有关采访对象的素材。无论哪种形式，其共同目的是挖掘一切可以挖掘的有效信息，换句话说，"拼命"挖细节。

在做一辈子只为农民写戏的"中国好人"黄士元的先进事迹报道时，他妻子说的一个细节让我印象特别深刻，那就是"黄士元有很多农民朋友，每次老家朋友穿着带泥的鞋子进门，都不让脱鞋。他对那股子'泥土味'十分珍惜"。这是黄士元一辈子努力接地气，只为农民写戏的情怀印证。

台湾艺术家关兰老师旅居"中国三大古瓷都"之一的湖南醴陵，潜心绘瓷近十年，工作室里堆满了被砸掉的次品碎片，年过六旬的她开车技术很好，因为她要经常和老伴出门找创作灵感。

台商古胜潭先生年过七旬，在湖南一座深山耕耘茶园二十余年，经历的挫折常人难以想象，但他仍笑对生活，言谈举止温文尔雅，透露出一股韧性。

03 打动自己才能感动读者

一般在采访过后，不要急于动笔，把所有内容在脑子里先过一遍，筛选出有效信息。"冷静"下来之后，再开始写。

我一直觉得，写人物通讯最重要的是让读者产生情感上的共鸣，从与受众最接近的点切入或许会更好，要用人物具体的动作、语言和心理去还原情境，多用细节塑造人物形象，散发人物魅力，多用一些短句。稿件写完后，自己先读一读，感动自己才有可能感动别人。

蒋盛武老人的稿件刊发后没过多久，蒋老告诉我，很多学校老师辗转找到他，说想带学生们去他的票证博物馆看看，并邀请他去学校讲座，还有人要去学习收藏经。他由衷地感到高兴，连忙对我道谢，让我有时间也一定去博物馆看看。

古胜潭先生的稿件发出后，很多同行接连找上门去，除了一个半小时的山路七弯八绕，需要一个好体魄才不会被绕吐，其他的没毛病，山上风光美，古先生的魅力也是没得说。他说，茶园被越来越多的人知道了，茶叶不愁销才能带领更多乡亲脱贫致富。

我想，让读者通过稿件感受到人物的可爱之处，对记者而言，也是种无法抗拒的吸引力吧。

同题报道如何告别"俗手"出"妙手"？[①]

小牛敲黑板

同题报道是指围绕一个人、一件事、一场活动、一个单位，诸多媒体同时进行的新闻报道。近年来，随着新闻媒介飞速发展，信息来源日益广泛，传播渠道越发多元，信息处理方式不断更新，同题新闻报道已成为新闻生产的主要形式之一。如何让同题报道从"公众"新闻成为"独家"新闻、让稿件出新出彩，成了摆在新闻记者、编辑面前的难题。

在同题报道这局棋中，如何下出"妙手"、减少"俗手"？从走好每一步"本手"开始锤炼基本功，或是一个不错的选择。

01　离现场更近一点

罗伯特·卡帕曾言："如果你拍得不够好，是因为你离得不够近。"这

[①] 作者：贺劭清，中新社四川分社记者。

句话虽然是形容摄影,但在同题报道中也同样适用。

突发事件是同题报道的重要领域之一。从汶川地震、芦山地震、九寨沟地震到茂县山体垮塌、攀枝花特大暴雨、乐山洪水,每遇大型突发事件,中新社四川分社都会派出小分队,迅速集结,带上装备齐全的应急包第一时间前往现场。

大家深知,面对突发事件只有更"早一点"、更"近一点",才有可能抓到更有时效、更鲜活、更多元的新闻素材,确保采写的稿件更有价值,从而在同题报道中更胜一筹。

在脱贫攻坚以及乡村振兴等大型主题报道中,"近一点"可以更好地感受新时代的乡村变迁。

位于凉山州的阿布洛哈村,三面环山、一面临崖,是中国最后一个通公路的建制村。2019年至2022年,四川分社记者先后6次前往阿布洛哈村采访。单篇稿件可能只是阿布洛哈村在某一个时间段的定格,但综观所有稿件,结束"百年孤独"之后,悬崖孤村的点滴变化就在其中。

对"近一点"的要求,还体现在大型会议、论坛、发布会的同题报道中。梳理中新社历年时政报道佳作,无论是《中国最高国家权力机关的红椅子》《人民大会堂的"静默"和"有声"》,还是《访不到的舒婷》《莫言的"议政路"》,无不是记者在会议现场近距离观察、梳理、归纳,才能在写稿时从"会议出走",真正做到"会里有千秋,功夫在诗外"。

02 小切口发挥大作用

仅仅是到达现场,对于做好同题报道来说远远不够,还需要注意信息的累积、细节的捕捉,让小切口发挥大作用。

突发事件中可以通过捕捉现场最具代表性、感染力的细节，带给读者更真实的"第一现场"。如淹过乐山大佛脚趾的洪水、震后清晨热气腾腾的红油辣子面、寒冬帐篷内"共享"的棉被、100多米高的山体因暴雨垮塌被村民误认成地震……

大型会议、论坛、发布会时一些流程外的"状况"，也能成为同题报道的突破口，为新闻点睛。如《厦门"庄稼汉"笑邀高雄"卖菜郎"来话"农事"》一稿，便巧妙地捕捉到了全国两会福建代表团时任厦门市长的庄稼汉回答台湾《旺报》记者提问期间"叙家常"的内容，稿件除了官员的回答，还有《旺报》记者在会后对回答的评价，不仅标题吸人眼球，文章更是让人回味无穷。

03　注意专业知识的储备

作为"20世纪人类最伟大的考古发现之一"，三星堆遗址祭祀坑的新一轮发掘自2020年10月启动以来，便吸引了全世界的目光，也成为各大媒体同题报道的"必争之地"。

2022年6月下旬，中新社四川分社获得了深入三星堆遗址考古发掘现场、文物保护中心进行独家采访的机会。

在探访文保中心时，记者发现了摆放在工作台上的三星堆8号祭祀坑出土的青铜神兽、青铜神坛，以及3号祭祀坑出土的被称为"奇奇怪怪"的铜顶坛人像，通过专家采访以及观看电脑合成图片后，采写了独家新闻《三星堆新出土铜神兽、神坛或可与网红"奇怪"青铜器"合体"》，并拍摄了大量图片、视频。

这条独家新闻看似巧合，实则和分社跑口记者长期跟进三星堆、熟知三星堆新发掘6个祭祀坑的点滴进展密不可分。同题报道中的独立角度是以记者对某个领域足够了解为前提,而非"拍脑门"的决定。

虽然三星堆发掘成果主要由数月一次的新闻发布会通报,但是四川分社记者依旧想尽办法从专家学者中寻找"第二突破口"。

2022年6月被《人民日报》、新华社大篇幅报道的7号祭祀坑镇坑之宝——龟背状网格型青铜器,四川分社在2021年10月发布的《(东西问)霍巍:金沙太阳神鸟何以成为中国文化遗产标志?》一文中首次对这件青铜器进行了报道。这篇稿件也于2022年上半年获得了2021年度四川新闻奖。

04 独立思考与良好沟通能力

同题报道要出新出彩,独立思考的能力对记者而言尤其重要。无论是人、事还是活动,都应避免"被牵着鼻子走",而应保持中立客观,加深对采访对象的认识。

巧妇难为无米之炊,一篇成功的新闻作品往往是"七分采三分写",稿件要写好,关键是要采好。如何提高采访技巧?八年前笔者参加中新社新员工培训时,曾有幸听过前辈讲解提问技巧,其内容适用于包括同题报道在内的所有报道,现摘取部分金句,与读者共赏。

- 问题的顺序一般而言先易后难,先次要后主要。
- 采访时要保持不卑不亢的态度,不要试图一味用尖锐、犀利的问题去挖掘爆点。
- 提问要像圆周率一样,无限精准下去,尽可能用细节还原场景、环境。

02　点睛之笔在哪里

- 问题设计不要太复杂，表述越简单越好。
- 遇到关键的内容一定要追问。
- 不要一次性问多个问题。
- 采访时给对方反馈"我明白了"，不要轻易说明你的观点。

……

离现场更近、细腻的观察、专业知识的储备、独立思考与良好的沟通能力，这些无疑是新闻的基本功。

同题报道如下棋，一味求新妙而轻基础，难免出现"俗手"，而真正的"妙手"甚至"神之一手"，往往是走好每一步"本手"后的厚积薄发。

"命题作文"如何常写常新?[1]

小牛敲黑板

命题作文如何常写常新?既要找到新闻与文化的融合点,又要结合当下热点。我们不仅要保证新闻性,更要通过生动的细节、丰富的文化内涵和独特的视角,将"老酒"装入"新瓶",既传递信息又引发共鸣。同时,避免"拿来主义",通过精练的语言和独特的视角,让"小新闻"搭上时代的"大列车"。

01 "小新闻"搭上"大列车"

在写作命题作文时,应避免两大误区:一是材料堆砌,文风枯燥;二是内宣视角,地方视角。

一些"小新闻"搭上主题报道的"大列车",放在十年发展历程的背

---

[1] 作者:王婧、宋怡宵、谈笑,中新社通稿中心编辑。

景下，就变得既有历史纵深感、新闻性十足，又活泼灵动、耐人寻味。

比如，一篇写内蒙古生态环境治理的稿件，从当地村民每个清晨被大雁、天鹅的"起床号"唤醒写起；一篇写宁夏"东数西算"的稿件，从食客在京沪下一单外卖讲起……此类报道都是叫好又叫座。

02 遣词造句　锤炼言语

不少编辑在精修稿件时，会将命题作文原稿中铺陈较长的段落拆分为短段落，把稿件中的弯弯绕绕和内宣用语删去，将平铺直叙、较为寡淡的内容替换为有画面感的细节描写，使文章"轻松"中包含合适的信息量。

在写作方式上，"短、快、新、活"，以下几点要领或能帮助报道行文流畅快活，唤起读者"悦"读感。

删去芜杂枝节，增强行文节奏感。

删去一些无关紧要的直接引语（看不出这句话之于主人公的唯一性，对主人公形象塑造没有帮助）、过于繁杂的背景信息，和对主旨思想的表达意义不大的多余词句。可适当选取关键时点、事件进行叙述，增强行文的节奏感和韵律感。

多用细节，少写抽象。

稿件用词需反复推敲，将抽象词汇转化为具体准确的语言，突出细节，可使稿件亲和力和感染力更强。可尝试通过更朴实、细致的词语，化解稿件的宣传意味，增强可读性，如：多用动词、少用介词，减少过于细节化或过于空泛的内容。

精练语言，地方化描写需克制。

命题作文容易陷入"成就宣传"，稍有不慎话说多了、路却走窄了，地方化描写需改写为更为克制、简练的词句，如：删去可有可无的采访、过于口语化的表达，在描写地方政策措施时，语言表达尽量干净、克制。

过犹不及，保持留白的艺术。

作画常主张留白，显然，作文亦如此。部分稿件在情感控制上容易收不住，其实直接引语、成就展示等内容适可而止的话，反倒留有余地，给读者想象空间。

03 避免"拿来主义"

记者在采写"命题作文"或成就类报道时，手中往往会握有诸多新闻素材。但若不加选择地全部"拿来"，且缺乏独特视角的采访，很容易使新闻稿件变为成就类描述与数据堆砌的"公文式"报道。此时，如何从材料"海洋"中"跳脱"出来，运用独特视角展现主题，极其考验记者的功力。

例如，"乡村全面振兴"是成就类报道的一大重要主题，但反映乡村全面振兴成就，不一定篇篇都要描写当地新盖了多少漂亮的房屋，修了多少笔直的公路，民众家中新添了多少现代化电器。

此时可以换个视角，如江苏无锡梅村是"中国二胡之乡"，便可以通过描述当地二胡产业的发展，来展示当地通过"一把二胡奔小康"的振兴故事："10年间，当地1.8万平方米的二胡产业园也拔地而起，吸纳梅村及周边地区的二胡生产企业、配套企业和流通企业入驻。"

同理，欲展现环境保护成就，也不必篇篇稿件都直白地描写当地的水更清了、山更绿了，可以巧妙地转换角度，另辟蹊径来展现。

怎样写电影开场一样的导语？[1]

小牛敲黑板

两会期间，中新社社长陈陆军分享了其前辈传授的写作技巧："假如我们开完一场发布会，拿到海量资料，记了很多笔记，却不知从何下笔。这时不如把笔记扣住，回想整场发布会最有印象的一句话、一个新闻点，那就是最值得写的。"

面对海量资料，应聚焦最有印象的一句话、一个新闻点。导语是文章的灵魂，需引人入胜。现场特写式、直接引语式、互动式、悬疑式等导语各有千秋，关键在于巧妙运用，以独特视角捕捉读者的关注。同时，导语应精准、有力，避免空洞套话，确保新闻性与趣味性并存。

---

[1] 作者：苏碧滢，中新社通稿中心编辑。

央媒实操课： 好报道都有迹可循

01　"现场特写式"导语

案例一：《台湾阅读推广人张大光贵阳说故事：用故事丰富童年》导语

中新社贵阳7月3日电（记者：石小杰）欢笑像贵州的爆浆豆腐一样在活动现场的各个角落炸裂，每个人的心情都吸饱了维C。在半是温暖半是动感的时光里，张大光从《企鹅和猴子》的故事入手，风趣幽默的语言、丰富生动的肢体动作，俘获了孩子和大人的心。

记者巧用意象"贵州的爆浆豆腐""吸饱了维C"来展现主人公的工作场景，富有当地特色。三言两语之间，主人公的身份与性格描摹完成。

案例二：《北京市春夏服装展销会开幕》导语

中新社北京1983年3月1日电（记者：凌宏俊）数不清的目光投向一位斜戴着法兰西帽子、披着时髦的砖红色春季女大衣的风姿绰约的女郎。当北京市春夏季时装展销会今天在北京展览馆开幕时，这个放在进门大厅的模特儿成了最引人注目的人物。

在特殊的时空背景下，艳丽张扬的注目就是最好的开头。如此导语不仅勾人兴趣，更是时代的影像。

案例三：《直击四川泸县6.0级地震震中：村民合煮"百家面" 雨中救援不停》导语

（记者：贺劭清、岳依桐）四川省泸州市泸县福集镇满是碎砖块的路面上，一口大锅安放在临时搭建的简易灶台上，白生生的面条翻滚在沸腾的水中，热气腾腾向上，仿佛要穿透阴暗低沉的天空。村民们围在一旁，手捧一碗面或站或坐，用红油辣子抚慰因地震惊魂未定的内心。这是16日13时，中新社记者在泸县6.0级地震震中所见的一幕。

现场即是胜利。关键是选什么现场镜头，在这个例子中，记者巧用同煮面的特写，不仅体现地震给当地百姓带来的影响，还交代了震后百姓安置进展，而"热气穿透阴暗低沉的天空"，用借景抒情的修辞，暗含记者的视角与态度，这种力量感十分宝贵。

不过，记者使用现场应有针对性，过于煽情、未经雕琢的生活化（尤其是受众难以理解的）、与同题材同质化严重等的现场描写要摒弃。

02 "直接引语式"导语

案例一：《拜登再谈控枪：美国面临的道德选择》导语

中新社华盛顿7月11日电（记者：陈孟统）"美国面临着一项道德选择，一项具有深刻现实意义的道德选择。"美国总统拜登11日在白宫谈到控枪问题时如是说。

此例直接引语的使用，不仅提升了关键事件的"动态感"，更是借主要人物之口隐晦表达记者态度。但也正因导语位置之重，使用直接引语更要确保其准确性、权威性。引用古诗词、名人名言尽量避免技术性差错，不要"张冠李戴"，曲解文意。综合引用政坛、商界等重要人物的话，尽量保留整句或一小段落。

案例二：《（抗击新冠肺炎）疫情风暴下的48房客：生了！回家！》导语及第二段

（记者：林春茵）"生了！那个16楼大肚子的园长，得了一个男孩，7斤，非常健康。"

24日晚间的这则弄璋之喜，令暂住在福建省莆田市仙游县一处隔离点16层楼的48位"房客"沸腾了。

直接引语作为导语，十分适合用在通讯中。或直接表现主人公的性格、经历、理念，或从小切口出发为大图景拉开序幕，或体现文中诸方关系（在消息里也适用）。但若此直接引语是空话套话，是不是主人公说的都一样，或与后文表达内容有明显割裂感等，则不建议使用。

03 "互动式"导语

案例：《（中国这十年·见微）西北小城"种数"变"沙漠中的硅谷"》导语及第二段

（记者：于翔、于晶、杨迪）你可能很难想到，当你在北京上海点下一单外卖，处理这个订单信息的数据中心，在千里之外的沙漠小城。

宁夏中卫，一个曾经"天上不见鸟，风吹石头跑"的地方，如今引得亚马逊、腾讯、美团等企业相继落户"种数"，成为中国"东数西算"工程的发展典范。

笔者将记者原稿中一句直接引语改成了"互动式"导语。科技医疗或部分主题报道题材，"不可及性"阻碍海外读者阅读。合理使用"互动式"导语，可让读者身临其境，对陌生、宏大的概念、产业等展开想象。

04 "悬疑式"导语

案例：《重庆一中学开"奢侈品经济学"课劝学生勿攀比盲从》导语

中新社重庆2012年3月6日电（记者：连肖）重庆市巴蜀中学推出

"奢侈品经济学"课程引来中学生踊跃报名,也引发社会热议。该课程于6日正式开课,记者在课堂上并未见到奢侈品,只是听到唏嘘声。

第一句话讲明事件由头,第二句话直击现场。如此充满悬疑感的写法可以用在揭示一类社会现象或需要先抑后扬等写作意图中。

有时,当导语难以承受过多字数,可以在第二段继续展开,形成"双导语"的效果。

案例:《LV进驻中国国家博物馆引来争议:"商"得起"伤"不起?》导语及第二段

中新社北京5月31日电(记者:应妮)以"艺术时空之旅"为主题的路易威登展31日在中国国家博物馆甫一开幕,即引来争议无数。

这一长达3个月的展览,占据了国家博物馆4个展厅。有提前参观过的观众描述观后感直言,"只觉一种令人目眩的珠光宝气扑面而来"。记者今日在现场看到,展厅大量使用镜子和灯光进行装饰,颇有迷幻效果。工作日观众虽然并不太多,但场内工作人员经常阻止民众更近距离地接触,安保程度堪比文物。

将展览的内容与观众反馈放在首段是一种常见的"影像"处理方式,但"路易威登展"+"中国国家博物馆"这样的新闻噱头已足够撑起导语,所以不必强求"信息装满"。

贴士:并不是所有稿件都适合"镜头特写"式导语。比如就某地中欧班列开行半年阶段性成果发稿,不如直接把最适合外宣的数据、政策等放在导语,如若还使用"一辆列车缓缓驶出××口岸,车上装满××货物"等描写,再加上数据政策铺陈,导语就不堪重负了。

记者面对一些尚未到达现场,且较为突发、严肃的新闻题材,也更适合将新闻由头及最新进展放在导语,这类信息比"杜撰"的画面感重要。

央媒实操课： 好报道都有迹可循

　　以上通过对中新社好消息、好通讯的归纳，简单总结了"画面感"导语的表现形式或适用范围。但导语总归为全文服务，过于强调导语写作导致"头重脚轻"、在严肃题材中"硬凹"画面感、正文内容无法支撑导语等情况要尽量避免。只要精练、准确、客观，合适的就是好导语。

03

重大主题报道如何跑出高分稿

稿件宣传味太浓？三招教你"改头换面"！[1]

小牛敲黑板

想让"成就宣传稿"在国际舞台上大放异彩？本文作者为你揭秘"关键三招"：一是给标题瘦身，精简抢眼，突出亮点；二是巧用背景信息，用鲜活语言讲述中国故事，让报道更具分量和感染力；三是活跃文章节奏，注重故事性呈现，使文章流畅且引人入胜。掌握这三招，你的内宣稿也能"改头换面"，甚至"脱胎换骨"，在国际传播中展现出别样的风采。

01 招式一：给标题做"减法"

好稿子"独树一帜"，从标题的打磨就可窥豹一斑，要学会给标题做"减法"。

---

[1] 作者：宋怡霄，中新社通稿中心编辑。

例如《（中国这十年·吾乡）无锡梅村二胡：从"养在深闺人未识"到名满天下》这一稿件，原题稍显韵味不足，但稿件内容精良，在多次打磨后，删除了长句内容，提炼出"脱虚向实"且富有动感的短标题《（中国这十年·吾乡）一把二胡奔小康》，寥寥几字便将十年成就勾勒出来。

再如，原标题为《（中国这十年·吾乡）驻村规划师彭锐："陪伴式乡建"守住一抹乡愁》的稿件，海外读者对于驻村规划师这一职业并不了解，阅读起来存在文化壁垒。

因此，编辑从"树山村东接姑苏古城、西邻太湖，宛若姑苏城外的'世外桃源'"和"'乡创+文创'模式"的素材中归纳出"姑苏城外"和"双创村"的概念，合二为一，删除复杂词汇，简化表达，形成了《（中国这十年·见微）姑苏城外"双创"村》这一新标题，不仅读起来朗朗上口、韵味十足，而且更加吸引眼球。

02 招式二：巧用背景信息

对外传播效果好的稿件往往能够规避生硬堆砌数据和材料的问题，通过旁征博引、信手拈来巧妙运用背景资料，通过鲜活生动的故事进行讲述。

有些稿件能别具匠心地使用"借嘴说话"的艺术，以外眼看中国，将报道中的观点、结论从受访者的嘴中说出。

例如《（中国这十年·见微）荒地不荒满粮仓》这篇稿件的导语引用美国作家迈克尔·麦尔在《东北游记》中的内容，"在东北，能够对中国的过去一探究竟。但没有料到，在荒地，我能一瞥这个国家的未来"。

以麦尔的视角切入，交代《纽约时报》等外媒关注的背景，生动引出中国荒地村的转型故事。活用背景信息既增加了稿件的分量感，又深化了文章主题。

此外，稿件开头运用生动的故事将人物形象鲜活立住，富有感染力和表现力，直接引语比光秃秃的背景资料引人入胜得多。

例如在稿件《（中国这十年·斯人）男高音歌唱家王宏伟：民乐响起，"四海同春"》中，文章开头用百余字交代了充足的背景信息，"一曲终了，王宏伟对在座侨胞说，'再过几个小时我爱人就要生宝宝了，我再唱完这首就要赶到机场，回国陪她。'台下掌声雷动"。"那是2012年春节期间，中国著名男高音歌唱家王宏伟随国务院侨办团队，赴美国纽约林肯中心参加'四海同春'演出。妻子将近临盆的他，得到现场观众最深的理解与祝福。"

03 招式三：活跃文章节奏

好的稿件能见人、见物、见故事，从不同侧面讲述中国社会多方面变迁中发生的多姿多彩的动人故事，注重增强报道亲和力和实效性。

例如，原标题为《（中国这十年·吾乡）三江源国家公园原住民的"家乡变形记"：从"与世隔绝"到"迎八方客"》的稿件，原稿内容没有整体的逻辑主线，材料堆叠使得重点不够突出，编辑结合新闻写作的故事性原理，将故事性作为全文基调，将原文稿件内容打散重排，删去繁芜段落，围绕"雪山精灵"雪豹这一具有吸引力的话题，把描写牧民云塔生活和观念变迁的内容提至开头作为导语，增加稿件可读性和亮点。

此外，还将原稿中的长段落拆分为短段落，删去冗杂枝节，增强了行文的节奏感。并将较为冗长的原标题重拟为《（中国这十年·吾乡）"邂逅雪豹"带热高原小镇》，读来颇有新意。

保持平和平实平稳的叙事基调，简洁明快的语言表达，创作有故事性的千字文，是"中国这十年"稿件的基本要求，也是高分稿件的必备要素。

好稿子需要不断打磨，从给标题做"减法"到巧用背景信息再到活跃文章节奏，是成为行走的"高分稿件"制造机的关键三招。

"小消息"也能彰显"大身手"[①]

> **小牛敲黑板**
>
> 在两会会期紧凑的背景下,短小精悍、言之有物的短消息成为亮点。文章通过实际案例,展示了如何捕捉焦点人物、热点话题和生动现场,使"小消息"发挥"大身手"。同时,提供了实用的上会贴士,助力记者们写出精品报道。

2024年全国两会,是我第一次上会做记者。

3月11日,十四届全国人大二次会议闭幕,2024年全国两会结束。我为期8天的两会报道之旅也随之结束了。但两会报道带给我的启发和思考却没有停止。

01 关注焦点人物

我参加今年政协文艺界别小组会时,听到委员感慨:"只要有开放活

[①] 作者:苏碧滢,中新社通稿中心编辑。

动，委员甄子丹便被各种'围堵'。"

确实，像林毅夫、刘永好、刘国梁等不同界别的代表委员，是媒体"必争之人"。如果我们能够约访，自然最好，若有大把时间，甚至可以出深度报道。但时间紧凑，代表委员公务繁忙，采访机会宝贵。在这样的背景下，"短平快"是重要竞争力，群访、"蹭访"也能出好素材。

以《甄子丹：能打动观众是中国电影"走出去"的前提》为例，记者和其他媒体恰好在委员小组会门口"堵到"甄子丹，几分钟内，甄子丹快速回答了"中国电影海外传播""香港与内地青年交流交往""香港内地电影合作"等问题。

全文357字，已能交代清楚，传播效果好。因而，只要焦点人物谈的问题与身份匹配，且观点较新，能表达态度，即可快速播发。

02 准备热点话题

有时候我们"堵到"了重要人物，但是一时语塞，不知道问什么。这就需要记者时刻储备热点话题，事先和重要人物匹配。

以中新社发布的消息为例，记者问林毅夫"民营经济发展前景""如何回应'中国经济见顶论'"等，几乎是外界最关注的议题。成稿均不长，但足够有针对性，且把鲜明观点提炼成标题，如"中国经济不会步日本后尘""民营经济仍有无限机会"等。

这样的"硬通货"还有很多，如王励勤答"巴黎奥运期待"、赵宝刚谈"微短剧"冲击等，记者可在稿件中加入话题的简单背景解释，与人物的回答做呼应。

另可用热点话题"串人物"。我在某日上午看到报道组记者拍到委员张凯丽、廖昌永交流香港影视、音乐的画面。

我想到，自己负责的青联组别还有歌唱家吴碧霞、央芭副团长朱妍，因而在当天下午小组会前，快速拍摄两位委员对同话题的回应。吴碧霞还提到了赴澳交流。

最终成稿500多字，涉及四位委员，包括影视、音乐、舞蹈多方面，只围绕内地港澳文化交流。我还询问朱妍怎么看待"科目三"爆火，拍摄的短视频也成功发稿。

03 捕捉生动现场

好的现场可遇不可求。

提及"科目三"，2024年两会期间的外长记者会上，王毅与外国记者的互动就是非常好的素材。

前方记者不仅在会后及时拍摄中阿卫视记者的回应，还发布消息《跳"科目三"的外国记者：很荣幸成为中国故事的一部分》，涵盖受访者此前跳"科目三"爆火的背景、来中国报道经历的趣事、对本届两会的感受等，语言轻快，效果不亚于超千字的现场特写。

在青海人大团开放日，全国人大代表、青海省委书记陈刚现场回应"青海6名干部聚餐饮酒致一人死亡"事件。记者发布短消息，大量使用直接引语，如"我们绝不做那种'高举轻放'的事情，说到做到。同时，亮明我们的态度，不怕得罪人、不怕乱议论、不怕扣帽子"。直接表明地方对于改善政治生态的诚意。

我们在使用直接引语时，可注意捕捉人物的金句、关键数据表达等，而非只为了稿件"句式的丰富"来编排引语。

因而，会议的内容甚至前后花絮，有可能比会议议程的铺陈更有新闻价值，不必强求文字"面面俱到"。

贴士：

1. 在上会前，把自己负责的团组、界别代表委员名单拉表，查明他们的头衔、工作领域、平时关注议题、相关报道，尤其是有知名度的代表委员，一定在表上"高亮"标注，并记住其长相。说不定，在会程中"不期而遇"，趁机提问，就能出"爆款"。有更多时间的话，可以看看别的团组、界别名单，上会时就同一话题，和对应负责记者合作。

2. 能先约访就先约访。由于代表委员的日程安排紧凑，以及记者忙于跑好几个团组、界别，如果都排到会期中去采访，往往分身乏术。

3. 具备合作精神。如若跑会时，听到了有趣的线索，但并不是自己负责的领域，不要浪费，可以先简单采访或记录下来，给对应记者使用。

如何写出有料又轻巧的两会时评[1]

小牛敲黑板

作为两会报道"经典款",评论产品自然是少不了的。"喂,小新,这个两会议题来篇评论"——听到这个指令的小伙伴,大概率会"嗷"一声,一怕搜索枯肠挠秃头,不好写;二怕用力过猛太空泛,写不好。如何让"沉重的肉身"轻巧起来,如何让评论严肃之中透出趣味?结合2020年两会期间的经历与观察,以现场感、抽离感、代入感这"三感"为切入点,本文给出让两会时评避开无趣空洞、变得有料又轻巧的秘诀。

01 现场感,让作品有温度

时评是距离新闻现场较远的一路新闻产品,但时评写作若注重现场

---

[1] 作者:聂芝芯,中新社海外分社记者。

感，有助于彰显时评的温度，让读者在严肃的时评面孔中捕捉到感性的细节、情绪的涟漪，在共情中接纳作者输出的观点。这种情绪上的契合，会令读者愉悦，就像甜食刺激分泌多巴胺。

具有现场感的时评，让人觉得这是作者在新闻现场的有感而发，是对新闻事件的近身观察，而非端坐在书斋里的遥远想象，这也是新闻记者（而非评论员）写两会时评、两会观察的优势。港台媒体、新加坡《联合早报》等境外媒体的专栏，通常极具现场感，在情感的寻味中完成观点的传达。

现场感，一是体现在选题环节。比如两会佳作《人民大会堂的"静默"与"有声"》，从现场观感中抓到一个好选题，画面感、情感浓度十分到位，在感性烘托中完成理性表达。在传统思路中，时评似乎不宜使用"不像时评标题"的标题，但在写作越来越多元的新媒体时代，"你品你细细品"，这种标题其实有其优势——含蓄而隽永，点到不说破。

二是体现在构思与写作环节。两会期间几场重点发布会，笔者的习惯是从头跟到尾，沉浸式体验发布会氛围，获取写作灵感。外长记者会时评《中国外交"方圆之间"见格局》，方与圆的文眼就是在跟进发布会过程中激发出来的，内文也穿插了对这场发布会的感性认知，避免理性有余、感性不足的冰冷论证。

02 抽离感，让作品有纵深

通常两会分析类稿件有两种写作路径：一种是自下而上式，依托政府文件等材料进行归纳整合，成稿更接近综述；另一种是自上而下式，先有一个意向性观点和框架，再从发布会等场景中寻找论证材料。两种路径各有千秋，对应不同需要。对于远在海外的读者来说，由于不那么注重文本细节，相对更加偏好后一种。

"这个世界值得我们抽离地看一看，抽离过后你一定会产生不同观感"。抽离感正是对应后一种路径，即对两会场景进行远景扫描，甚至从这个盛大场景中抽身，以"上帝"视角统揽全局，搭建出一个比较跳脱的论述框架，然后将材料掰开揉碎重新呈现。

聚焦2020年政府工作报告的时评《中国灵活唯实，释放发展新预期》、聚焦会议收尾的时评《"特殊"两会给中国留下什么？》，都是运用抽离感的作品，这需要充分打开视野，舍得投入心力，论述框架如果立得住、有看点，那么文章就成功了一大半。这也是笔者进行中新社"近观中国"等栏目写作所摸索出来的一些门道。

当然，抽离感并非无限制抽离，同样需要注重分寸。比如上述两稿，文内每个分论点，其实都可以铺展开充分论证、自成一文，放在通讯社时评作品中，就可能产生纵深有余、关联度不足的负面效果，但如果作为一篇给周报的供稿，则未尝不可。

03 代入感，让作品有联结

两会舆论场上，信息丰富令受众产生选择困难，由此产生的信息错位——想看的文章湮没在海量信息里、点开的文章不符合预期——有可能导致另一种形式的信息匮乏——信息相对匮乏。

如何把信息和受众进行精准匹配？在文本与策划层面我们可以做哪些努力？如果在内容生产的各个环节，都十分注重代入感，即对这路产品的受众画像心中有数，并进行对应调整，就能起到事半功倍的效果——读评论的人被精准投喂"正是我需要的"，写评论的人有的放矢"车轱辘话可以歇歇了"，可不就是大家互感轻盈吗？

针对政府工作报告，传统时评稿件用的标题是《中国灵活唯实，释放发展新预期》，新媒体"国是直通车"微信号、抖音号在转载时用了新标题《6个字读懂2020年中国"施工图"》，这是考虑到传统媒体和社交媒体账号不同的用户画像和阅读偏好，传播效果也佐证了标题调整的必要性。

2020年中新社两会内容类产品的一个创新是，在过往两会速递、两会特写、两会观察等体裁大类之外，发稿策划组还根据热点策划了几组新产品，分别是"两会·战疫""两会·战贫""两会·经读""两会·看典""两会·世界观""两会·侨声"。

这其实体现了一种站在客户媒体角度进行生产的"收纳美学"，分类清晰、秩序井然，拉开每个"抽屉"，都能找到同主题的稿件，给客户媒体选稿带来极大便利。

策划和评论写作有相通之处，都需要搭建思维的"龙骨"。落实"两会·世界观"这组策划时，我把自己代入一个海外读者的角色，首先自问两个问题："我"对中国的世界观（如何看待外部世界、如何与世界互动、期待世界作何反应）感兴趣吗？"我"希望看到哪些方面的世界观（作为美国、欧洲、东南亚的读者，分别关注哪些热点议题）？

尽管两会更大意义上是聚焦国内事务的政治盛会，但2020年这次特殊两会的国内外背景，决定了中国与世界关系话题必然是热点，"两会·世界观"策划有其价值。

基于这一预判，结合当时中国外部关系之变，运用时评抽离感思维策划了五个角度，基本为外长记者会所覆盖，记者"天团"则贡献了成熟度极高的作品，运作顺利。在网络推送环节，使用"世界这么大，中国这么看"的slogan，也充分考虑网络受众对通俗化、共情点的需要。

好了，不多说了，领导喊我写评论去了。不妥之处大家轻拍。

·中新时评："特殊"两会给中国留下什么？

两会来了，这78个差错点千万别犯！[①]

小牛敲黑板

本文精选了78个两会报道中常见的差错点，涵盖错别字、名称使用等方面，旨在提醒大家在采写、编辑过程中细致入微，避免"踩雷"。希望这份"差错清单"能成为大家的"避雷针"，助力两会报道出新出彩，展现专业风采。

01　错别字篇

1. 谈改革，应为蹄疾步稳，非踢疾步稳。
2. 谈治理，应为环保督察，非环保督查。
3. 谈经济，应为换挡提速，非换档提速；应为提档升级，非提挡升级。
4. 谈生态，应为山清水秀，非山青水秀。

[①] 作者：小牛工作室。

5. 谈扶贫，应为易地扶贫搬迁，非异地扶贫搬迁。

6. 谈国家大计，应为共商国是，而非共商国事。

7. 谈未来，应为擘画蓝图，而非擎画蓝图。

8. 谈干劲，应为铆足干劲，而非卯足干劲。

9. 建言资政偏宏观；建言咨政偏微观。

10. 起用年轻干部，不能写为启用年轻干部。

11. 精简机构，不能写为精减机构。

12. 历史周期率，不能写为历史周期律。

13. 三驾马车，不能写为三架马车。

14. 监察机关，不能写为监查机关。

15. 检察机关，不能写为检查机关。

16. 公民享有权利，不能写为公民享有权力。

17. 无论是代表还是委员，都应分清是他还是她。

02 名称篇

18. "××届全国人大×次会议""全国政协××届×次会议"这两个会议名称中"××届""×次"的位置不同，不要写错。

19. "两会"一词因使用较广，可不加引号。

20. "政府工作报告"不要简写成"政府报告"。

21. 人民代表大会常务委员会，简称"人大常委会"，不能简写为"人大常委"。

22. 国务院组成部门名称中，国家发展和改革委员会，人力资源和社会保障部等，"和"不能写为"与"。

23.全国人大专门委员会的名称中，环境与资源保护委员会、农业与农村委员会，"与"不能写为"和"。

24.宪法和法律委员会是全国人大的专门委员会之一，由全国人大选举产生，宪法和法律委员会的负责人称"主任委员"。

25.法制工作委员会是全国人大常委会的下设机构、办事机构，简称"法工委"，法工委的负责人称"主任"。

26.在同一届次会议上，政协委员的"界别"不要写为"届别"。"届"是从时间上说的，指的是九届、十届、上一届、本届等；"界"则是针对委员的工作领域分类而言，如"经济界委员"等。

27."人大常委会委员"的表述。人大常委会没有"常委"这个职务而只有"委员"，"×××是人大常委"或"人大常委×××"的说法是不正确的，正确的表述应写为"人大常委会委员×××"。

28."组成人员"与"委员"。全国人大常委会会议由全国人大常委会组成人员出席，其组成人员不仅包括委员，还有委员长、副委员长（地方的人大常委会负责人为主任、副主任）和秘书长。因此，在报道中不能说"出席人大常委会×次会议的委员们……"，正确的表述应为"出席人大常委会×次会议的人大常委会组成人员……"。

29.中央全面深化改革委员会，简称深改委，不能写为中央全面深化改革领导小组，不能简称为深改组。

30.中央网络安全和信息化委员会，简称网信委，不能写为中央网络安全和信息化领导小组，不能简称为网信小组。

31.中央财经委员会，简称财经委，不能写为中央财经领导小组，不能简称为财经小组。

32.中央外事工作委员会，简称外事委，不能写为中央外事工作领导小组，不能简称为外事小组。

33.《全国人大关于完善香港特别行政区选举制度的决定（草案）》应

093

为《全国人民代表大会关于完善香港特别行政区选举制度的决定（草案）》（书名号内不可简写）。

34.《全国人民代表大会有关完善香港特别行政区选举制度的决定（草案）》应为《全国人民代表大会关于完善香港特别行政区选举制度的决定（草案）》（书名号内同义词不可替换）。

35.全国31个省市区已完成省级人大、政府、政协三套班子的换届，相关新闻报道中应注意核查代表委员最新职务。

36.全国政协委员列席人大开幕会，不能写为出席。

37.全国人大代表履行职责，不能写为参政议政。

38.全国政协委员参政议政，不能写为履行职责。

39.人大代表提的"议案"，不能写为人大代表提的"提案"。

40.政协委员提的"提案"，不能写为政协委员提的"议案"。

41.协商推荐产生政协委员，不能写为选举产生政协委员。

42.终止全国人大代表资格，不能写为撤销全国人大代表资格。

43.撤销全国政协委员资格，不能写为终止全国政协委员资格。

44.最高人民检察院检察长，不能写为最高人民检察院院长。

45.审计署审计长，不能写为审计署署长。

46.海关总署署长，不能写为海关总署关长。

47.人大专门委员会主任委员，不能写为人大主任。

48.列席人员，不能写为列席代表。

49.非中共人士，不能写为非党人士。

50.党外人士，不能写为非党人士。

51.人大的职权，不能写为人大代表的职权。

52.人大代表的权利，不能写为人大代表的职权。

53.人大代表的义务，不能写为人大的义务。

54.人民代表大会代表，简称"人大代表"，不能写为"人民代表"。

55. 人大常委会组成人员，不能写为常委会委员、人大常委、人大领导。

56. 人大常委会会议，不能写为常委会议。

03 重要表述篇

57. 人大代表"审议政府工作报告"，政协委员"讨论政府工作报告"。

58. 中国共产党领导的多党合作和政治协商制度，不能写为中国共产党领导下的多党合作和政治协商制度。

59. 会议名称中，"全国"不等于"中央"；文件名称中，"关于"不等于"有关"。

60. 全面建成小康社会，不能写为建成全面小康社会。

61. 完成了消除绝对贫困的艰巨任务，不能写为完成了消除贫困的艰巨任务。

62. 社会主义核心价值观，不能简写为核心价值观。

63. "四个全面"战略布局，不能写为"四个全面"战略部署。

64. "一带一路"倡议，不能写为"一带一路"战略。

65. 国内生产总值，不能写为国民生产总值。

66. 国家机关行使权力，不能写为行使国家机关权力。

67. 人大常委会机关，不能简写为人大机关。

68. "普通代表""普通委员"的称谓有违代表、委员平等的精神，"父母官"的称谓缺乏法治精神，均不要使用。

69. 政府和法院、检察院由人大产生，对人大负责，向人大及常委会报告工作。不要说"人大要积极帮助呼吁解决人民群众遇到的困难和问题"，从而产生人大请求或者劝说政府、法院、检察院解决问题的误解；正确的表述是"人大要依法解决或督促有关机关解决人民群众遇到的困难和问题"。

70. 全国人民大会堂，应为人民大会堂。

71. 全国人大会常委会，应为全国人大常委会。

72. 国务院各部委责任人，应为国务院各部委负责人。

04 标点符号篇

73. 一个中国原则，不能写为"一个中国"原则。

74. "台独"分裂势力，不能写为台独分裂势力。

75. "四个全面"（全面建设社会主义现代化国家、全面深化改革、全面依法治国、全面从严治党），引号不可省略。

76. 使用书名号，文件名应为全称。使用法律的全称应加书名号，如"按照《中华人民共和国刑法》的规定"；但使用法律的简称时，则不用加书名号，也不用加引号。如"按照刑法的规定"，不要写成"按照《刑法》的规定"或"按照'刑法'的规定"。

77. 法律草案的表述，全称应加书名号，同时"草案"用括号括起来置于书名号内；使用简称则不加书名号。如，全称为"《中华人民共和国物权法（草案）》"，简称则为"物权法草案"。

精彩不止在赛场！
一键解密"大奥运"报道真经[1]

小牛敲黑板

2008年北京奥运会之于中国，百年圆梦。2022年，中国迎来冬季奥运会。北京成为有史以来第一个既举办夏奥会又举办冬奥会的城市。作为记者，在"双奥之城"见证历史，在采访、写稿的往复循环中，奔赴每一个现场是不可多得的财富。

小牛邀请中新社北京分社副社长杜燕和记者陈杭从接地气、聚关切、下功夫三个方面分享报道奥运赛事的宝贵经验。

01　放眼国际，从小处着手

"你免费看了好多场比赛呀！""郭晶晶本人漂不漂亮？""能帮忙搞到

---

[1] 作者：杜燕，中新社北京分社副社长；陈杭，中新社北京分社记者。

央媒实操课： 好报道都有迹可循

菲尔普斯签名吗？"……2008年，北京奥运会盛大开幕。当许多亲友或羡慕或好奇或"求助"的时候，作为记者的我，石化了。奥运场馆，我是跟踪建设进展去采访；郭晶晶本人，我见过也近距离采访过。但，都不是在奥运赛事期间。尴尬不尴尬？

"这是一届无与伦比的奥运会。"时任国际奥委会主席的雅克·罗格在2008年奥运会闭幕式上由衷赞叹。北京奥运会留下了大量的物质和非物质遗产，给中国带来新的机遇。奥运采访之旅，于我个人而言，是记者之路一开启便收获的一笔宝藏。

奥运会不只是比赛，精彩也不仅在赛场上。

2008年，中国百年圆梦，也圆满回答了"奥运三问"。2022年，中国奥林匹克梦想继续向前迈进。在两次办奥过程中，中国不仅在环境、交通、赛场、安保等硬件上提出高标准，还要实现在文化、法治、国民素质等软实力上的全方位提升。

"奥运年"伊始，我来到北京分社开始一名新人的新故事。我参与记录了筹办奥运会的过程、城市保障奥运顺利举办的过程、"后奥运"时期综合利用奥运遗产的过程，我是站在"鸟巢"之外看奥运的记者，是在奥运赛时担任"非注册记者"的记者，就算是报道"大奥运"的记者吧。

刚到新部门，就能参与到全球瞩目的盛典报道中（这不就是中新社的一贯风格嘛，鼓励新人去探索、锻炼、成长），兴奋伴随着惴惴不安。

我开始学习同事们、同行们的"大奥运"作品。以小见大是我得到的经验。"小"，既指报道篇幅小，精选素材，力求短小精悍；也指报道切口小，从细节处、从细微处入手，接地气。

中新社一直倡导客观平实、短小活泼的"中新风格"。拿北京分社记者2007年2月的一篇报道——《北京奥运提升市民素质从自觉排队开始》为例，全文560字左右，文中写道："北京期望在未来一年半内，通过各种官方组织的紧凑活动，令多数市民具备言行优雅、爱护市容、排队礼让、文明观赛、诚信待客等五大文明素养。""北京人除了要改掉排队'加塞'的毛病，还必须戒掉赛场上的'京骂'。"读到文中提出的毛病，作为读者的我瞬间脑补了当年挤300路时的场面。此稿正是体现了"中新风格"，获得了当年的中国新闻奖。

还有一篇印象深刻的稿件——《当北京豆汁遭遇奥林匹克》，描写了北京老字号小吃店为了迎接奥运而做出的种种准备，包括翻译菜单，比如把豆汁译成"北京可乐"，这种翻译简短而又形象，让熟悉可乐的外国游客能很快了解并记住京城独特的豆汁。

以上稿件均不是宏大的叙事，却讲述了北京以及市民为改善城市软环境做出的努力。这样的稿件、这样的改善，还有很多，以至于当时有外报鲜明地提出"必须用开放的心态看待脱胎换骨的北京"。

在中国的首都首次举办奥运会，这吸引了世界各地的人关注北京，甚至来到北京。作为奥运报道组成员之一，如何报道正在发生变化的城市、国家？我从游客们来北京的吃住行等方面入手。

住宾馆还是住市民家？来自世界各地的游客能和当地人顺畅地沟通吗？我多方联络，希望通过《奥运住宿缺十几万张床位 北京人开放家庭迎宾客》《北京民警脱口能说十三国语言》等稿件，让人们从这些小事中，从普通的工作者、市民那里，认识变化着的北京，了解开放、友善的中国。

就在记者们书写着奥林匹克运动中的中外文明交流、碰撞和沟通，探讨着"后奥运"时代的北京乃至中国发展之时，2015年，北京再次拥抱奥林匹克运动，正式确定将于2022年迎来冬奥会。北京分社再次投入奥运筹办的报道中。陈杭于2019年加入中新社北京分社，他的第一项工作，也是头等重要的任务，就是报道冬奥会的筹备工作。

熟悉又陌生，是他对奥运会的"情感"。2008年的奥运会，作为初中生的他是观众。2022年的冬奥会，他是参与者。

场馆建设、测试活动、文化活动、赛会服务保障……冬奥筹办工作千头万绪，让他这个"新兵"时刻在思考：如何对有价值的新闻点进行持续跟踪与深度挖掘，并力争在报道工作中出彩。

以冬奥场馆报道为例，场馆既有改造利用的"鸟巢""冰立方"，也有疫情下争分夺秒建设的"冰丝带"。陈杭与2021年伊始加入分社的记者徐婧一起实地探访了解场馆在科技、绿色、人文等方面的成果，并以运动员或观众的视角体验场馆服务与设施功能，以系列报道的方式将场馆亮点，由点到面串联起来，呈现冬奥场馆"金名片"的魅力。

"胸中有丘壑，眼里存山河。"我想，保有这样的意识，能帮助我们跳出一件具体的事情，以更大范围、更广视角来审视、思考。即便是一篇短消息，行文的思路、逻辑有了"格局"，下笔之时就能言之有物、言之有理、言之有序、言之有趣，一篇可读、可亲的稿件便跃然纸上。

02 聚焦关切，让理性发声

新闻报道要客观、公正，无论是新闻事件的报道，还是人物报道，记者都要以"局外人""观察者"的身份出现，切莫被牵引着放弃了独立思考、理性表达的机会。

2008年4月12日，席琳迪翁在结束2008世界巡演上海演唱会后，当天携家人赶到北京，参加"推广北京奥运歌曲的官方电视栏目《唱响奥运》"节目录制。即便我不是"迷妹"，依然被她迷到。当天，她和丈夫一起亮相，侃侃而谈歌曲背后不为人知的故事，一度因往事潸然泪下。她还谈到与奥运的缘分，也谈到支持北京奥运等内容。我听得入神，更是为之动容，在现场想着完成一篇感人肺腑的通讯。不过，最终以一篇短消息稿件《席琳·迪翁：不赞同对北京奥运会采取任何抵制活动》面世。

席琳·迪翁作为国际歌坛最具影响力的人物之一，发声有分量；另一方面，稿件理性表达的同时文内也不乏感性抒情，浓缩后的消息更有可读性。

北京冬奥会是在新冠疫情下举办的一届奥林匹克盛会，挑战更大。分社同事们关注疫情下的场馆建设、测试赛等内容，也关注奥林匹克文化、奥林匹克精神的传承与传播。分社记者刘文曦在参加孩子学校活动的时候，留意到一位在青少年心中播撒"奥运的种子"的专家。我们策划推出主题为"奥林匹克教育的全球推广与东方模式如何共系'同心结'？"的稿件，讲述从2008年北京奥运会"比赛还没有开始，但中国在奥林匹克教育上已经获得了一块金牌"，到中国将2008年奥运会的宝贵遗产传承和发扬，并致力于为世界留下宝贵人文遗产。

我想，在平时的工作中，我们总会碰到一些突发事件，在采写过程中我们要客观、求实、理性。记者终究是饱含情感的存在，那就在思考过程中让感性与逻辑并存，让理性表达也传递有温度的信息。

03　精进本领，肯下笨功夫

"三十日中午，来自台湾的陈先生推着一辆自行车、背着大包，自行车绿底白字写着'北京奥运'，这让他在北京奥运场馆鸟巢西侧的天桥上显得引人注目。"这是北京奥运倒计时100天一篇特写稿件《在鸟巢感受民众奥运热情》的开头语。

身在中新社，总不自觉地想着港澳台侨。这些年过去了，我仍对"碰到"陈先生心有戚戚。可遇而不可求，前提是，记者在现场。

从奥运报道开始至今，我觉得许多"笨功夫"非下不可，比如到现场、做准备、做笔录，即便如今有了先进到可以随时转出文字的录音笔，有了可以远程面对面视频的电话，等等。

笨功夫，说到底，是老生常谈的"四力"——脚力、眼力、脑力、笔力。"大奥运"整个报道过程战线长，但又不同于日常报道，需要记者行有定力，即在长时间内不放松对"奥运"的敏感、热情。

即便是和奥运无关的采访，也常常因为在现场与人攀谈、在现场观察而能寻觅到新的线索。

当年，《京城体育餐厅主打"奥运菜"》寻到瑞典乒坛名将瓦尔德内尔投资建设的餐厅、《北京首位盲人DV师：拍部纪录片献给残奥会》找到主人公，都是在扫街、在闲聊中获得的线索。

作为记者，有时是"一个人的考察队"，有时是"一支考察队"，都要去发现、发掘、整理、记录。那么，"笨功夫"用心练久了，或许就练成了"真功夫"。心有所持，温暖坚定！

大型会议 Vlog 新闻怎么拍[1]

小牛敲黑板

Vlog 是英文"Video blog"的简称，又被称为视频博客或视频日志。通俗来说，是一种以动态视频记录生活的方式。在新媒体浪潮中，Vlog 新闻以其独特的方式成为信息传播的重要力量。中新社视频部记者郎佳慧凭借对新闻敏锐的洞察力和创新的报道手法，成功地将 Vlog 新闻打造成了一种既具温度又具深度的新闻形式。她的多条 Vlog 作品播放量超千万，屡登热搜榜单，其中最高单条视频微博话题阅读量达到 4.3 亿次。

01 招式一：保持报道温度，激发情感共鸣

如同电视新闻，Vlog 新闻离不开记者的出镜，但出镜模式和效果大有

---

[1] 作者：郎佳慧，中新社视频部记者。

不同，它更偏重于激发受众的情感共鸣。在镜头前，许多记者不由自主地端着、板着，调子也容易起得高。要解决这个问题，保持镜头前的松弛感非常重要。

尽可能用轻松活泼的语言、平易近人的方式讲述，有利于增强报道的亲和力，让受众更愿意倾听你的观点。摆脱严肃的记者出镜形象，赋予新闻更丰富的题材和更多元的视角。

也就是坚持"中新风格"中强调的"官话民说，中话西说，长话短说，空话不说"。

在全国两会、党代会等盛会中，Vlog已成为主流媒体记者深入、全方位报道大会的重要方式。

在拍摄此类盛会Vlog时，受众的关注点一定在代表委员身上，要减少记者走入人民大会堂等常规内容的篇幅。在拍摄方式上，选择边走边拍，用生活化、对话式的语言，描述现场的气氛、细节。

例如，有多少记者准备就位，有多少是境外媒体，他们在关注哪些热点话题，由此有效拉近与受众之间的距离，带给受众真实感、沉浸感。

02 招式二：保持眼明心亮，策划先行

在新闻现场，要眼明心亮、注意观察。新闻点往往藏在一些不起眼的小细节中。尤其是在大型活动的采访报道中，时常会出现多家媒体用同一种形式报道同一事件的情况，如何在Vlog新闻井喷式增长的背景下脱颖而出？又如何让受众在茫茫Vlog新闻中，对你的作品"一见钟情"？不断培养精准捕捉亮点的能力、加强提前策划，这是制作一条好的Vlog新闻的关键。

在拍摄前，我会写拍摄初脚本，明确采访主题和方向，搭建新闻报道的基本框架。

当然，这个初脚本不是把所有出镜、拍摄内容一字不差地写出来。其主要功能是厘清拍摄思路，避免在拍摄现场思路不清、手忙脚乱，导致拍摄内容缺乏条理，影响后期制作。

在撰写进博会新闻中心Vlog初脚本时，我定下了"轻松愉快、着重体验"的拍摄方向，决定以双人出镜方式拍摄，让观众产生"我的朋友在跟我分享他的经历"的感觉。

因为做足了功课，拍摄点位十分明晰，仅用2个小时就完成现场拍摄环节，取得了不错的传播效果，将原本较为常规的探访Vlog做得更有料、有趣。

03 招式三：锻炼新闻网感，细节制胜

Vlog新闻作为一种新兴报道形式，更需要创新表达语态，突破媒体与受众之间的壁垒，以第一视角和极具网感的语言进行创作，符合互联网传播规律的作品才能传播得更远。

尤其需要注意的是，Vlog新闻不是流水账，不仅要有过程的记录，更需要贴近采访对象与受众，拉近距离。

以党的二十大第二场"党代表通道"Vlog为例。

在党代表们发言完毕后，许多记者照例整理设备，准备离场。这时，我看到刘秀祥代表与其他几位代表正在互相击掌，这与他们在通道上的画面完全不同，是更有温度、更暖心的一幕，我立刻拿起手机记录。

在其他媒体已离场时，我又借着帮党代表拍合影的机会，留到了最

后，并与刘秀祥代表同框出镜，完成了一次简短但不简单的采访。记者与刘秀祥代表的互动也成为最精彩的部分，使该Vlog新闻脱颖而出，获得较好的传播效果。

04 招式四：练就剪辑"神功"，拒绝粗制滥造

当你刷视频时，一般会停留几秒？什么样的视频会吸引你继续观看或让你兴趣寥寥？在制作Vlog新闻前，这也是要思考清楚的问题。

相较于文字、图片新闻，视频新闻更具冲击力、现场感。对受众而言，打开视频，其最先关注到的一定是画面本身。而Vlog新闻的传播更是基于短视频"短、平、快"的传播规律，不能粗制滥造。这对记者的剪辑功力也是一种考验。

开头效果好不好，很大程度上决定了视频的传播效果。

首先，我经常将视频中最精彩、最有趣的部分前置，几秒的镜头混剪搭配节奏感强的音乐，先吊起受众的"胃口"。

其次，配乐的选择也尤为重要，节奏的强弱、情绪的转变将赋予整个视频灵魂。

最后，在保证新闻性的前提下，可以适当增加一些特效、音效、花字，为传播效果增色。

"纸上得来终觉浅，绝知此事要躬行。"期待我们能早日练成Vlog"神功"，为采访工具箱再添一把利器，向受众展现更加鲜活的新闻现场。

这届特殊冬奥怎么报？
央媒实战"锦囊"请收好！[①]

小牛敲黑板

2022年北京冬奥是一场在家门口举行的体育盛宴，对于国人而言堪称"史上最特殊冬奥"，加之媒体记者需要全程闭环报道，这届特殊冬奥会的报道也将"不一般"。那么我们该怎么报道这届特殊冬奥？小牛邀请到多次参加夏季和冬季奥运会报道的中新社记者邢翀，为大家奉上"冬奥实用大餐"。

01　锦囊一：熟悉比赛项目，打出提前量

我曾赴韩国实地报道了2018年平昌冬奥会。相较于夏奥会，大众普遍对于冬奥会比赛项目较为陌生，因此对于记者而言，提前做好功课十分

[①] 作者：刑翀，中新社政文部记者。

央媒实操课： 好报道都有迹可循

重要。

在赴韩国前，我查阅了大量资料，对每个项目进行了资料梳理，整理成各个小文件夹，包括项目在冬奥会发展历程、中国队项目实力和名将表现，以及外国选手参赛情况等。

整理完相关资料，我就短道速滑、花样滑冰、自由式滑雪空中技巧等中国队优势项目分别发出系列前瞻稿，包括《冬奥前瞻：中国军团迎接严峻"中考"》《冬奥前瞻：中国花滑平昌"待放"》《冬奥前瞻：空中技巧"打头阵"中国雪上项目全新"出发"》等。准备稿件的过程其实就是对这些项目熟悉的过程。

带着这份几万字的资料再去冬奥会一线，报道比赛时便觉得心应手。手中有粮，心中不慌。如果说运动员要带着滑冰滑雪装备上战场，那么这份整理好的资料称得上是我的装备。

北京冬奥会，中国代表团在参赛项目上实现了历史性突破，在所有大项、分项上都有中国选手参加。作为东道主媒体，我们的报道覆盖面也与以往冬奥会有很大不同，不再局限于热门项目，而要对比赛做到"全覆盖"，这更加要求记者提前做好功课，对各项比赛规则、选手阵容等进行了解。

比如，位于延庆赛区的国家雪车雪橇中心在冬奥会期间将举行三个项目的比拼：雪车、钢架雪车和雪橇。可以说，这三个项目都是"勇敢者的游戏"，而且共用一条赛道，很多记者容易搞晕，这三个项目有啥区别？其实，雪车、钢架雪车和雪橇运动员的姿势、器材有很大不同，对于选手的考验也不尽相同，这都需要记者提前熟识。

另外，大跳台项目又有自由式滑雪大跳台、单板滑雪大跳台、跳台滑雪大跳台，大家能区分开吗？哪一项是名将谷爱凌的项目呢？

02　锦囊二：赛事之外关注人，挖掘人物故事

通过世界顶尖竞技平台展现出体育与人性之美，是奥林匹克运动的迷人之处。冬奥会向来被认为是最能体现人类在自然界中不断突破自我挑战精神的盛会，而本届冬奥会在中国主场举行，有更多人物值得关注。

比如代表中国首次站上冬奥赛场的运动员，其本身的成长经历就是对突破的诠释。再如北京冬奥会赛期正值春节，挖掘选手成长历程中的温情故事也容易引发受众共鸣。

平昌冬奥会期间，我采写了一系列人物通讯，如《"飞跃"平昌 常馨月创造中国跳台滑雪历史》《等风去，梦想会来——记贾宗洋空中技巧摘银》《"悲情"范可新：特别特别想拿这块金牌》《今夜无人入眠 隋文静/韩聪遗憾摘银》《强势夺冠的武大靖用实力弥补遗憾和不甘》。

无论是成功的喜悦还是遗憾的泪水，无论是否站上领奖台，我都注重发掘选手参赛背后的故事，这也是受众的关注。我发布的此类人物通讯稿件都获得了很好的海外落地，在国内也取得了很好的传播效果。这说明，在四年一届的奥运赛场上，运动员永远是主角，拼搏奋斗的故事都会得到大家的理解和支持。

如果以一个"大冬奥"的视角看，全国各地迎接冬奥的过程中肯定有不少相关的人物故事，比如退役运动员换种身份助力冬奥等，都具有一定的报道价值；采访运动员家属也是我们的"常规动作"，主场冬奥会我们在这方面的报道也有所加强。

03 锦囊三:"保暖N件套",一件也不能少

与其他大赛不同的是,冬奥会采访过程中要尤其注意保暖!保暖!保暖!(重要事情说三遍!)

平昌冬奥会时,我曾去采访跳台滑雪大跳台项目的一名中国选手,比赛结束已经是晚上十一点,做完专访后已近凌晨。当时平昌还下起了雪,我在班车点等待了近半小时才坐上回媒体村的班车,抵达房间后已近三点,果不其然,感冒找上门了。

北京冬奥会期间,很多比赛项目也在晚间举行,前方记者同行们,"保暖N件套",一件也不能少!

与夏奥会比赛相比,冬奥会项目更易于遭受恶劣天气的影响,而且几乎全是严寒天气。比如冬奥会期间高山滑雪项目就经常因为天气状况推迟,甚至还出现过记者被困山中的情况,平昌冬奥会期间我也曾在采访中遭遇过极端大风天气。这就需要记者特别做好防护,针对突发情况也需要做好一定的报道预案。

另外,我在平昌采访期间,因为天气太冷,手机多次宕机,有时甚至需要贴上暖宝宝才能正常工作。手忙脚乱中还特别容易丢东西,比如,我就曾把手套和围巾"留"在了平昌。

04

突发事件报道如何抢先与抢鲜

大象"北游",猛虎下山,突发动物新闻怎么做?[1]

小牛敲黑板

2021年以来,大象"北游"、东北虎进村、县城"熊出没"这类新闻频上热搜,读者对野生动物为何越来越靠近人类生活空间充满疑惑,许多民众也在思考人类如何与其他生物共享蔚蓝星球。

那么,对于新闻人来说,应该如何报道这类突发动物新闻呢?我们请中新社云南分社记者胡远航结合两百多天的"追象"经历,与大家聊聊体会。

01 眼疾手快+"神机妙算"

2021年,15头野生亚洲象冲出西双版纳,一路向北,吸引了全世界的

---

[1] 作者:胡远航,时任中新社云南分社记者。

目光。

专家称,这是一次罕见的突发事件,是一场较为少见的野象远距离迁徙活动。对于新闻报道而言,这也是一次难得的机会,毕竟"反常出新闻"。

但不是大象肚里蛔虫的我们,如何捕捉它们要来场"说走就走"的旅行呢?

长期积累的经验告诉我们:想要发现事物的变化和异常,还是得建立在密切关注常态的基础上。

以"大象北游"事件为例,象群在尚未挺进峨山县城成为舆论热点之前,其实已经"北漂"了好一段时间,但并未引起大部分媒体的注意。

中新社云南分社长期关注亚洲象,在象群离开"老家"首次造访普洱市墨江县时就察觉了异常,一路跟踪报道它们首次造访墨江、首次进入玉溪市元江县、首次现身红河州石屏县三个连贯的"首次"。

基于这三个"首次","追象小分队"又快速出击,采访长期跟踪研究亚洲象的云南大学生态与环境学院教授陈明勇等专家,率先播发分析类稿件《中国亚洲象群为何罕见向北迁徙?》。这也是国内外较早关注北移象群"从哪里来?都是谁?到哪里去?为何北上?"的稿件。

回过头来看,能抢得报道先机,"眼疾""手快",无疑是两大"法宝"。但只指着这两招,后果也很惨痛。

因为缺乏预判预谋,我们一直是沿着象群走过的路线布局采访,完全没有料到大象逼近昆明后,因人象冲突风险加剧,现场管控升级,出现了无法靠近核心现场的情况。这也导致在大象进入昆明地界的这一关键节点,我们上下左右追寻也只能在外围"小打小闹",流下"悔恨的泪水"。

泪的教训告诉我们:"活鱼"是游动的,抓住了也还会跑;要想真正抓牢大鱼,得"眼疾手快",更得"神机妙算"、提前布局。

02　细节+原因+故事，"一个都不能少"

抓住了"活鱼"，还得会"做鱼"。

要想做好"大象北游"这样的新闻报道，聚焦事件本身、背后原因、背后故事，"一个都不能少"，还得挖出深度、广度和细致度。

大象今天去了哪儿？干了些什么？吃了什么？……这些"每日一问"，自然是百问不倦，每家媒体也都在跟进。但想要脱颖而出，还得自带"放大镜"，善于挖细节。

梳理"大象北游"以来的热搜，不难发现，基本上都是些趣闻趣事，像什么大象喝醉了、大象不喜菠萝偏爱玉米、小象摔倒了、小象掉队了、小象掉水沟了、象群午睡、小象打架，等等。

这些素材大多由近距离跟踪监测的森林消防提供，"掩埋"在每日通报中。做个有心人，挖掘出亮点，就能登上当日热搜。

除了关注事件本身，大象从哪里来？都是谁？到哪里去？接下来怎么办？……这些小问号，咱们也得一个一个捋平。不过，在实操过程中，我们很快就遇到了一个难题。

鉴于事物出现反常是一个严肃复杂的问题，在解析背后原因时我们也多了个心眼。前期采用"编辫子法"，采访多位专家观点，进行开放式、探讨式的解读，措辞也尤为克制。后来事态趋于明朗，在采访指挥部专家时，也注意保持客观、平实、科学的立场。

总之，越是反常，越是需要客观、严谨。连措辞也是，最好尽量使用"北上""向北""北移"等客观描述事实的词语，而非"北迁""北徙"等定性词语。"北移"与"北徙"只有一字之差，但含义却谬以千里。

03 写大象，到底在写什么？

在追大象的过程中，我们也在反复问自己一个问题：写大象，到底写什么？总结下来，我们认为是写大象，也是写人与象的故事、人与自然的故事。

自"断鼻家族"北移以来，为保护这群亚洲象，云南省成立了专门的保护工作组、专业监测队伍，一路勘察象群活动轨迹、辅助投喂象食、疏散人群，确保人象安全。这是云南保护亚洲象的一个缩影，也是一次人与野生动物的对话与交流。

采访中，我们紧盯"人象平安"四个字，采访众多现场"追象人""护象人"的故事，展现有关部门及普通民众对亚洲象的善意与耐心。

同时，回到大象老家西双版纳、普洱两地，探访"大象食堂"、中国首家"防象小学"普洱市纳吉小学等，讲述当地民众从"恐象"到"接纳"，尝试着与象和谐共处的故事。

04 普通人的故事，就是中国故事

事实上，"一路象北"在引发国人"全民追象"的同时，也打动众多外国人，引发外媒广泛关注。有人调侃，15头大象真正实现了在国际传播中"讲好中国故事"。

为什么是这15头大象在东西方之间形成有效沟通？我想，一是因为人与自然的关系是人类永恒的话题；二是因为这一事件凸显了人性中的善意。

在实际采访中，我们多次被普通民众所打动。

比如，在一线参与引导大象的"90后"工程车司机徐靖松，是离大象最近的人，虽然危险，但为保人象平安，他仍愿意坚持；玉溪市红塔区春和街道老官箐村村民王开祥家虽然被象群搞得一片狼藉，但他认为"人象平安，比什么都重要"；村民彭彩芬虽然怕野象，但也知道要保护它们，看到两头大象把小象夹在中间保护得好好的，她"觉得和人很像"……

正因为有了这些普通人的普遍善意，才成就了"一路象北"这一充满温情的故事。所以，他们与大象相遇的故事和朴实语言，我们都重点体现在稿件中。

此次采访，让我们意识到：人性是相通的。想讲好中国故事，还是要多多以"人与自然的关系"这些人们共同关注的话题为切入点，还是要讲好普通人的故事。

灾难新闻报道的注意事项[1]

小牛敲黑板

近年来，关于暴雨、洪水、海啸等灾难新闻频频出现在全球受众视野中。与常规报道不同，灾难性事件总是与人的生死密切关联。危难时刻，也是对新闻人的严峻考验。小牛总结了关于灾难报道的注意事项，供大家参考。

01 要有人文关怀

做灾难采访不是件容易的事。

一方面，时间就是新闻的生命，一分钟也耽搁不起；另一方面，记者面对的是刚刚经历过创伤的受害者，简单粗暴的采访不仅不符合新闻伦理，往往也不能提供有用的信息。

---

[1] 作者：魏园，时任中新社国际传播部记者。

1. 谨记生命至上

采访不能打断救援工作，记者应尽可能采访有时间、有能力接受采访的人员，不应干扰救援人员和医疗人员的工作，避免不合时宜的采访，更要避免因自身采访行为带来意外伤亡。

2. 尊重受访者意愿

如果受访者拒绝采访，请礼貌地递给他一张名片或者添加微信，然后告诉他如果改变主意的话，随时可以联系自己，其实许多优秀的采访都是这样得来的。采访结束后，要再次打电话跟受访者确认事实和你想要引用的话，有照片的话也要给他们看一下，征得对方同意后再使用。

3. 报道要客观公正

灾难报道不是伤痛报道，记者要跳出"伤痛"，跳出主题和情绪上的预设，用现场去说话，用真实去表达，客观公正地介绍记者在现场的所见所闻，为满足公众知情权和抢险救灾需求提供信息。

4. 避免煽情

灾难报道现场，记者要避免煽情的提问，要预估采访者的感受，不能强人所难。同时图片和电视画面也应避免煽情，避免一味利用受访者的眼泪吸引观众，还要避免用诱导的方式迫使受援者感恩，要尊重受援者的自尊心。

5. 避免炒作

避免炒作，是灾难报道的基本原则。无论是官员、受灾者，还是记者、名人、典型人物，都不应该冲淡灾难报道主题，成为新闻炒作的对象。

6. 避免二次伤害

在受灾者心情尚未平复时进行采访，干扰救人，要求受灾者摆拍、拍摄死难者脸部特写等都可能带来二次伤害。正确的做法是：旁观并静静地记录、第一时间多报道灾情而不是煽情的故事、谨慎问及伤痛。

避免反复采访同一对象、透露采访对象的信息、要求采访对象讲述灾难经历，尽量不要采访少年儿童。

7. 不消费家属苦难

可以报道集体性的追悼会，但是不要报道私人的葬礼。不要让家属一遍遍地回顾血淋淋的现场画面。

02 避免对灾难的娱乐消解

1. 用好新媒体平台

随着新媒体的发展，微博、公众号、短视频平台也成了灾难发生时的主要报道渠道之一。人们一边在网络上刷消息，一边传递自己的所见所闻。

主流媒体、地方媒体、政务媒体纷纷入驻新媒体平台，利用直播、图文、视频等形式在灾难发生时使报道更快地触达公众。

2. 警惕对灾难的娱乐消解

在新媒体的灾难报道中，对灾难用"萌化""震撼"等方式进行轻松化的解读，将消解灾难的严肃性，会挤压真实灾情信息的生存空间和传播通道，使得整体的新闻价值降低；也会带来民众的误判，干扰有效信息的获取。

3. 警惕"灾难美学"

要避免灾难报道沉溺于"灾难美学"。如，过度报道穿着婚纱报道地震的女记者。如果媒体过分把灾难中本就难得的公共媒体资源倾斜到一些"个人事迹"上，实际上是对公共资源的一种浪费，降低了公众对于灾难本身的关注度。

更不应该将报道转向"赞美灾难",例如《如果没有澳洲这场大火,我都不知道中国33年前这么厉害》,这样的报道更是有违新闻伦理,引人不适。

4. 不吃"人血馒头",避免臆断干扰舆情

某微信公众号在2022年3月21日16时36分推送了题为《东航坠机:上百亿巨亏压力下严控维修费用、压降成本》的文章,文章标题断章取义自东航2021年中报中的一句话,"公司加强成本费用管控……通过节约航油等大项目成本、严控单位餐食机供品费用、维修费用、日常支出等方式压降成本"。

在空难发生后,公众在关注人员伤亡情况之外,尤其关注事故原因,部分自媒体往往会利用公众的关切和好奇心,蹭着热度发表一些不负责任的、虚假的报道,从而在短时间内获得大量的流量。

不论是专业媒体还是自媒体,在报道时都要客观理性分析,警惕无缘由的臆测和误导公众的内容,及时辟谣,同时多报确凿的事实,比如伤亡情况、救援情况、事故调查进度等,少报不确定、无权威信息来源的消息,尽量做到快报事实,在事实的基础上,循序渐进推动报道节奏。

03 如何报道灾难?

1. 记者要在第一时间赶到第一事发现场

所谓第一时间,就是与突发事件同步或时效最快的时间。新闻媒体报道任何新闻,都需要时效性,这是其职能所在。

记者要在第一时间赶到事发现场是为了保证报道的真实性,而不是道听途说就可以完成报道任务。

2. "全景视角"报道

全面报道所在现场的城市、村庄、救援工作、灾民心理等整体情况，选择具有典型性、新闻性的个案介绍灾情，比如道路交通恢复、现场救援措施等。

综合运用文字、图片、视频等报道手段展现灾情，提升报道时效性。

3.现场报道技巧

重大信息的披露要慎重，以官方消息源为准。指挥部负责人、救济点负责人往往能提供给记者意想不到的线索。如果来得及，最好随身携带一份当地各个日常机构负责人名单。

务必携带一份你能找到的最大比例的纸质地图或能够离线阅读的电子版地图。

用好你的名片，让它成为更多人提供新闻线索的工具。当语言、路径、关系成为采访障碍时，找一个当地人做向导是非常值得推荐的做法。

数字是灾难报道中最值钱的"宝贝"，数字可以让一篇报道变得真实直观、信息丰富。

名字、年龄、伤情这些最重要的信息，应放在采访的最前面，避免采访意外中断。每采访一个人，都可以补充询问其亲人、朋友的情况，以便充实报道。

4.如何做好前后方的协调

在灾难报道现场，前方记者因为客观条件的限制，不能了解灾情的整体情况，不能到达所有的现场。而对后方的编辑来说，前方记者是他们的眼睛，其希望记者告诉他们前方发生了什么。因此，做好灾难报道，需要前后方的协调配合。

04　突发新闻事件的写作技巧

受众需要在最短的时间内迅速了解发生了什么事情，这就要求灾难新闻报道要短小精悍。受众急需了解事情的经过，文章过于冗长，只会让受众对于阅读文章失去耐心。记者需要将重点内容突出。

在语言运用方面，新闻稿件不适合使用华丽辞藻，而是应该简洁地叙述。促进受众产生情感共鸣并不在于记者在叙述过程中运用了什么样的语言，而在于新闻事实的分量。

谁能发表出第一篇报道，谁就在整个报道中抢占了先机。

此外，还要做好连续报道。重大突发事件一经传播立即成为社会热点，加之不少突发事件具有复杂性，对突发事件报道不能只是发好第一条快讯，必须有及时、充分的连续报道。

讣闻报道有哪些禁忌？[1]

小牛敲黑板

据日媒报道，著名服装设计师三宅一生2022年8月5日因癌症去世，享年84岁。

2022年6月19日，写出"一条大河波浪宽，风吹稻花香两岸"的著名词作家乔羽走了。

如何做好讣闻报道，将名人的生前故事还原给读者呢？

衡量一篇好讣闻的标准，在于它抓住了"生"，而不仅仅表达"死"。它追求一种更高的真实，即通过对逝者一生的概括，从一个人的个性品质、人生趣事、特别的习惯和爱好出发，真切描绘出亡故者其人。

---

[1] 作者：魏园，时任中新社国际传播部记者；邹雨沁，中新社国际传播部实习生。

01 讣闻报道的来源与演变

讣闻报道是报道已故人物，目的不仅是报丧，还对死者生平及社会贡献作出总结和评述，重现人一生中的光荣、成就、平凡与失败。报道形式不拘一格，可采用消息、通讯、特写等多种体裁。

西方媒体的讣闻报道兴起于20世纪七八十年代，《英国每日电讯报》率先开启讣告报道，《纽约时报》《华盛顿邮报》《洛杉矶时报》的讣告是西方报纸最受欢迎的版面之一。《纽约时报》曾在"9·11事件"之后，开启讣闻专栏《悲伤速写》，在美国引起了空前反响。

《费城每日新闻报》的讣闻记者吉姆·尼克尔森说："好的讣闻作者，不会挑剔报道对象，他的讣闻是送别亡者的重要部分，他会和逝者的家属站在一起。"

讣闻就像人物传记的摘要和缩影。

2003年，《楚天都市报》在我国最先开设"怀念"专栏，2005年，《新京报》设立逝者版面，是讣闻版第一次出现，随后，《南方都市报》提出讣闻报道的理念：讣闻报道记录的不是死亡，而是生命。

有的都市报为了报道讣闻，每周会派记者去殡仪馆，统计一周的死亡数据，报告其中的特例。此后，还将关注的重点转移到采访逝者的告别会等。通过细节、事件的刻画和外围采访、历史梳理等综合手段，讣闻报道突出人的品质，内容丰富、情感饱满，甚至延伸到报纸以外的平台。

02　如何写好一则讣闻报道？

作为一种新闻文体，一则好的讣告应该是与逝者相遇，文章应该是好看和耐读的。报道要有筋道的标题、导语和引语，应该避免对逝者生平的平铺直叙。

1.将人物放回时代坐标系

逝者已矣，在社交媒体上读到有人去世的消息，许多人的第一反应是，他是谁？

生死议题重大，社会往往会瞬间爆发集中关注。满足公众对信息的即时需求，填补信息空白，是此时媒体应该完成的任务。

在社交媒体时代，讣闻报道的载体由报纸延伸到新媒体，操作方式上与人物报道也有着相通之处。据《深度报道：题材、理念与方法》一书，打量一个人物，需要为人物构建坐标系，选取人生节点、行业逻辑、人际网络和时代来定位一个人，同时，还需要找到一根故事主线。

音乐人、制作人沈庆因车祸去世时，《人物》杂志社刊发《沈庆，未完成的一生》一文，将他的青春时代与校园民谣发展史相勾连，讲述了这样一个故事：一个人在自己创作和表达欲的第二个高峰期来临前，骤然离世。

文娱类名人由于生前知名度较高，往往更能引发公众关注，此时，编辑部和记者应该注意很多问题。

2.编织细节、插入逸事，实现悲和喜的平衡感

在一个人生命的最后节点回望他的一生，任何细节都显得厚重起来。因此，如何处理这种厚重感，平衡生之欢愉与失之悲痛，是写作者应该思考的问题。

央媒实操课： 好报道都有迹可循

    1988年，著名作家沈从文先生在北京逝世，享年86岁，中新社当日播发记者王佳斌采写的通讯《告别沈从文》，成为讣闻报道的经典之作，入选山东人民出版社出版的高中语文教材。文章以"告别他，也是告别了一个时代"起笔，用细腻的笔触白描了沈从文从沅水边来到北京的人生经历，提及他被安排去扫厕所的细节，作者写道，"他说，对我老头真信任嘛"。

    虽然是讣闻，但文章显露出沈从文先生俏皮、乐观的一面，让读者在莞尔中抒发对老先生的思念之情，"不折不从，亦慈亦让；星斗其文，赤子其人"也是对他最好的形容。

3.适当加入主观视角

    不少讣闻中，都有作者本人回忆与逝者的记忆，这并非名流的专利，任何人都有值得回望的一生。

    一度，讣闻报道以放大优点为主，不谈缺点，言必提大词，用形容词堆砌了逝者的一生。但是，讣闻作者不必受客观因素的限制，适时加入主观视角，如实褒贬，是帮助读者代入的良好方法，也是逝者平日里为人处世、与人交往的最好写照。

    读一篇讣闻，如交一位陌生的朋友，在自己的生命体验中感知、引入他人的种种经历，也是读者感激生命、重温生命奥义的契机。

4.体现中国人的生命观

    每一位逝者都对生命有不舍、有惋惜，并不能单纯以"豁达"来表达，但他们留下的故事，都影响着生者。词作人赵英俊生前曾留下一段告别视频，表示，对于死亡，自己只害怕了一天，真正的死亡是一种遗忘，希望自己的朋友用狂欢相送。他的《送你一朵小红花》，也成为一种对生命态度的表达。

    电影《送你一朵小红花》导演韩延表示："这歌一次接着一次的升调，犹如我们在生活中跨过的一道又一道沟坎，翻过的一座又一座高山，听着酸，也听着疼，间奏的吉他像一个转着费劲却奋力在运转的齿轮，拉扯着，嘶鸣着。我爱这首歌，像爱这部电影一样地爱。"

他的好友、小说《像小强一样活着》的作者不 K 拉在《新民晚报》发文称，"（赵英俊参演的电影）《像小强一样活着》对我们而言，曾经包藏着我们的努力、投入和挣扎，可是如今，它却足以让我们面对记忆深处那个曾经狼狈不堪的自己微笑"。

有些人的生命已经化为一朵黄花，但每一位逝者的生命态度组成了千千万万种中国人的生死观的面貌，如何具体地重塑和形构对死亡的态度，是写作末期可以推敲出来的部分。

总体来说，我国各民族的死亡仪式和殡葬习俗各有特色，但讣闻报道并不成熟。发展对讣闻的价值认同，是体现对每一位逝者的尊重和理解生命的重要一步。

抗洪报道怎么做？[1]

小牛敲黑板

在新闻报道的战场上，时效性不仅是新闻价值的体现，更是对新闻工作者职业素养的考验。当灾情发生时，第一时间抵达现场，准确传递灾情信息，展现救援力量，是每一位新闻工作者的责任和使命。

本文特邀工作十年来六次参加抗洪报道的中新社江西分社记者姜涛，为大家分享抗洪一线报道经历和体悟。

01　时效　现场

发现灾情线索的第一时间，尽快抵达现场，这也是新闻时效性的基本要求。

---

[1] 作者：姜涛，中新社江西分社记者。

以2023年5月江西丰城丽村镇的清丰堤发生决口险情为例，在了解到丰城溃口信息的第一时间，分社就组成前方融媒体报道组，赶往现场。

抵达现场后，河堤大多比较狭窄，为避免车辆拥堵，这个时候，摩托车和救援车辆便是搭乘的上佳选择。

实在不凑巧或者赶时间，便是考验体能的时候。

这次丰城清丰堤溃口报道，从停车处到溃口处将近5公里长的河堤，我们步行了2公里，乘坐村民电动车1公里，乘坐采访对象值班村干部的摩托车2公里，在回程途中，还换乘了运送石料的大货车。

这样既可以保存一些体力，又可以节省发稿时间。

02　安全　第一

与地震、爆炸、火灾等很多灾难性报道一样，非专业救援人员在抗洪现场最重要的莫过于人身安全，这也是能够成功发出报道的前提。

在洪水一线，特别是决堤、溃口处，尽量不要过于深入，因为你不知道哪里会发生次生灾害，这次丰城清丰堤溃口就是先发生漫堤，然后出现溃口并逐步扩大。如果降雨持续，你永远不知道脚下会不会出现险情。

所以，抵达现场后，尽量听从专业救援队伍的指挥，不盲目单独深入未知区域。比如要深入被困村庄，尽量不要乘坐非专业救援人员的自制船只，尽量与消防官兵、专业救援队同行，不轻易涉水。

央媒实操课： 好报道都有迹可循

03　　见人　见事

工作十年来，自己在采访写作中一直深受"中新风格"的滋养，深知新闻报道特别是灾难报道背后，最受关注的还是人。

而在一些特殊的时候，也会面临身份的转换，在这里跟大家分享一个在2016年鄱阳古县渡溃口报道过程中亲身经历的故事。

我们前方报道小组完成溃口情况的相关报道工作后，搭乘武警水电官兵的冲锋舟深入受灾最严重的一个村庄，村里大多数房屋的一楼墙面被洪水没过大半。

在一处民房的二楼窗口处，我们看到两张瘦小的面孔趴在窗口遥望，靠近后才发现，一位老奶奶带着两个小孩在家。交谈中得知，老人想带两个孙子去投靠亲戚，但是船舱离二楼窗口有两三米的高度差，而且当时船体本身就不稳，船上只有两名年轻的武警官兵，既要控制船体稳定平衡，又要将老人小孩从窗口接到船上，仅凭他们两个根本无法完成这些工作。

而在此刻，一直忙碌拍摄记录的我陷入了两难境地，一边是宝贵的救援瞬间，另一边是需要救援的老人小孩。作为一名摄影记者，我心里很清楚，瞬间性在新闻摄影中有重要意义，究竟是静待那个瞬间，还是投身协助救援？

几经考量，我放下相机，从窗口爬进房间，协助他们成功将老人和小孩安全转移到船上。

和这次丰城溃口采访一样，我们每次抵达受灾现场，做好一线灾情报道工作之后，会第一时间将注意力和镜头对准受灾民众，了解他们的受灾状况，向外传递灾情，同时也是展现救援人员全力救援安置，传递信心。

04　用心　共情

连续多年报道汛情，常规的选题角度与流程基本上都非常熟悉了，但是想写出新意，还是要用心。

2021年"7·20郑州特大暴雨"发生后，总社各端口以及周边分社同人陆续前往增援。我作为河南人，支援家乡更是义不容辞，但是当时前往郑州周边受灾地区的铁路和航班几乎全部中断，几经联系，最终搭乘江西运送捐赠物资的大货车前往。

经过一天一夜才抵达郑州，自己也见证了捐赠物资从发车到抵达的全过程，进入河南境内后，来自四面八方贴有救灾条幅的支援车辆越来越多，越发让人感受到灾难面前众志成城的氛围，我将沿途所见所闻记录汇总，发出一篇不同视角的通讯报道《"豫"你同行　跟车驰援的24小时》。

随后，根据单位统一安排，自己与河南分社同事阚力驱车深入受灾严重的卫辉县，与总社抽调支援的摄影同事崔楠和视频同事徐朋朋会合。

网上的一张照片吸引了我们所有人的注意：临时集中受灾民众的卫辉星级酒店宴会厅内，豪华喜庆的环境布置与在这里打地铺的受灾民众，形成反差强烈的视觉冲击。我们当即商定前往这里探访。

辗转来到这家酒店，我们找到了这个原本计划举行婚礼的宴会厅，经过了解，该酒店并不是政府指定的安置点，而是暴雨伊始自发义务收留家园被淹的民众。

随后我们发出《河南卫辉受灾民众：此刻只要家人平安》等相关报道，传递出不幸背后的丝丝温情。

交通事故该如何报道？[1]

小牛敲黑板

交通事故报道如何兼顾速度与温度？林志颖车祸引热议，警示媒体须严守公正，避免媒介审判，深挖事故原因，拒绝制造噱头。在自媒体快速发展的时代，专业媒体更应审慎选材，注重人文关怀，"三步走"策略助力精准传递信息，稳定公众情绪。

2022年7月22日，"林志颖车祸受伤"新闻引发广泛关注。对于此次事故，不少网友对当事人表达了同情。但也有个别网友借机调侃、发表不当言论。甚至事故现场的惨烈照片在互联网上被肆意传播。

自媒体时代，"第一手信息"漫天飞，专业媒体该如何做好交通事故等突发事件报道？

---

[1] 作者：魏园，时任中新社国际传播部记者；邹雨沁，中新社国际传播部实习生。

01 避免引发媒介审判

在2018年的重庆公交车坠江事件中,《重庆一公交与逆行轿车相撞后坠江,女司机被控制,动画示意路线图》《重庆万州22路公交车坠江,疑因一女司机驾驶私家车导致》的标题迅速传开。

事后,相关部门调取了车内监控发现,坠江原因是车辆上乘客因坐过站与司机发生冲突,导致车辆失控坠江。

此次事件中由于媒体在事故调查结果公布之前就妄下结论,贴性别标签,归咎于女司机,引发网络暴力和道德审判,对女司机造成了伤害,引发了负面舆情。

02 要关注事故原因

车祸发生后,媒体应当关注:事故原因是什么?是疲劳驾驶、酒后驾驶还是涉及车辆性能?如果涉及车辆性能,必须关注车辆的出厂批次、构造、车龄、驾驶状况等综合因素。

面对车祸,不痛不痒的提醒是没有意义的,做好贴切得当的技术分析和车辆年检的提示是必要的。

03 避免刻意制造噱头

车祸放大了公众的紧张情绪，名人的事故更引发了链式的群众关注。此时，应当避免暴力式、狂欢式解读，避免给当事人带来二次伤害。

在此次林志颖车祸事故中，特斯拉、赛车手身份、车上有幼童等细节，无疑为车祸事件的后续发酵起到了"推波助澜"的作用。

交通意外报道不应被情绪左右。

对车辆安全状况的关注是受众的合理关切，应予以回应，但对于第一现场无法给出的解答，媒体不应妄加判断，应迅速咨询专家，针对现场的相关情况，作出客观、合理的表述。不能一味迎合公众情绪，维持常规的审核校对流程，拼时间、拼角度、拼深度，提供更多的权威信息，是媒体职责所在。

04 审慎采用自媒体素材

在自媒体时代，人人都可以用手机传递第一手信息，其中，不乏恐怖、惨烈的现场图片。车祸报道作为突发新闻的一种，其本意是让人注意交通规则、接受教训，但不少自媒体出于赚取流量的目的，一味放大车祸现场的惨烈程度。

尊重伤者、避免不当新闻的散布，应当是各家媒体的基本操守。在具体操作上，应适当隐去车祸当事人的姓名、住址、车牌号等有明显标识的因素。在刊登车祸图片时，要注意照片角度、构图的处理，采用全景图片、消防部门的救助照片，避免用血腥的细节图给公众带来不良的心理影响。

面对车祸，应当满足准确报道和人文关怀的双重要求。

总而言之，车祸报道可以"三步走"：

第一步，凭借报道网络，迅速关注现场伤亡和抢救措施。

第二步，关注相关部门的发声，着重披露尚未报道的信息，突出报道广度。

第三步，复盘事件发生的原因和影响，满足受众的深层次需求。

突发灾难报道要避开这些"坑"![1]

小牛敲黑板

在突发灾难性事件的报道中,媒体扮演着传递信息、安抚人心的重要角色。然而,在这一过程中,媒体也面临着诸多挑战和陷阱,包括谣言陷阱、娱乐化陷阱、"低级红"陷阱、二次伤害陷阱以及"先入为主"陷阱。这些陷阱不仅会导致信息的失真和误导,还可能对受灾者和公众造成伤害。

小牛梳理了突发灾难报道容易掉入的五大"陷阱",同时结合工作经验,尝试提供一套"组合拳",或可作为避免"入坑"的指南。

01 谣言陷阱

灾难发生时,人心惶惶、信息庞杂,谣言极易传播和扩散。因此,如

---

[1] 作者:谈笑,中新社通稿中心编辑;韦雨惟,中新社通稿中心实习生。

何应对谣言、及时发挥媒体影响力传播客观准确的信息，成为媒体进行灾难报道面临的考验。

2021年的河南暴雨灾情中，有关部门和媒体就通过社交媒体平台对一些流传甚广的假消息进行辟谣。

河南省公安厅认证微博@平安中原对"郑州常庄水库爆破决堤"的传言进行了辟谣：

图片来源：截图自平安中原微博

共青团河南省委官方微博@河南共青团及时对网传"郑州进入特大自然灾难一级战备状态"的消息进行了辟谣：

图片来源：截图自河南共青团微博

02 娱乐化陷阱

媒体在新闻报道中使用网络流行语言、采用轻松可爱的话语风格，本身是适应互联网发展的重要一步，但也需区分事件和场合。

在突发灾难性事件的报道中依然使用此类轻松化的语言，有碍灾难新闻的严肃性，易使新闻的重心发生偏离，也容易给读者带来错误导向。

2020年7月，长江流域水患严重。面对灾情，有些媒体的报道就显得"不合时宜"：如《罕见！江面出现"鸳鸯锅"》报道的标题中，用"鸳鸯锅"戏称由于受洞庭湖顶托作用的影响，洪水途经湘江与浏阳河交汇处时的情景。

同期，有媒体甚至将暴雨间隙武汉的状况描述为"云海蒸腾如仙境"，消解了灾害带来的痛苦和灾难报道的严肃性：

图片来源：网络截图

03 "低级红"陷阱

"低级红"的情况时常表现为，在灾害发生时，媒体用正面宣传报道负面议题，用正能量的表述冲淡负面情绪，从而忽视了受灾者的心情，产生"丧事喜办"的反面效果。2021年郑州因暴雨遭受重大生命财产损失，但一段富有争议性的宣传流传于许多媒体和社交平台：

> 极端天气造成突然拥堵的道路，
> 有人及时疏通；
> 人员被困，有人不惧危险，积极救助；
> 道路受阻，有人在大雨中及时疏导……
> 推熄火的车辆，
> 背受困的老人，
> 用手挖被堵了的排水口……
>
> 所有保证正常生活的岗位，
> 都有他们迎着风雨逆行、
> 俯下身子服务的身影！
> 这就是极端天气下
> 最温暖、最积极、最有希望的行动。
>
> 暴雨虽然很大，
> 坚强乐观的河南人民不怨天尤人，
> 万众一心积极抗汛。
> 我们坚信，
> 这场历史罕见的大雨过后，城市会更干净，
> 草木会更加翠绿旺盛！
> 千万郑州人民有信心、有能力
> 战胜突如其来、超过历史峰值的暴雨灾害！

图片来源：网络截图

的确，在灾难面前，鼓舞人心、传递积极乐观的态度十分重要，但"城市需要大灾洗礼"，就显得冷酷无情。失去了对生命的尊重，再多积极乐观的宣传都是在"丧事喜办"。

灾难性报道应该以尊重生命为重，没有任何一座城市的发展需要通过灾难升华。如何把握正面宣传的尺度、防止"丧事喜办"、防止掉入"低级红"陷阱，需要每一位媒体人在灾难报道中仔细考量。

04 二次伤害陷阱

在以往的报道中,有的新闻记者为了使报道更加具体,而不顾受害者心情,让其回忆事件过程,这无异于在受访者的"伤口上撒盐",是二次伤害。

2015年尼泊尔地震后,很多以粗暴抢拍方式展现受灾者内心悲痛的报道在网上出现;2014年马航事件发生后,乘客的家属从四面八方赶到北京丽都饭店等待消息,在信息不断被传出又不断被辟谣的时候,有些记者围绕家属进行密集采访,让家属心情更加沉重。

上述此类事件中,追求真相的态度固然可贵,但这同时也是一把"双刃剑",在受害者的焦灼上"火上浇油"。媒体从业者应该在其中拿捏好灾难类新闻报道的尺度,在保证受众知情权的同时保护受害者,避免二次伤害。

05 "先入为主"陷阱

新媒体时代信息的碎片化,很容易导致公众甚至媒体人在只看到事件的一面时,就先入为主地"构造"新闻事件。

2018年重庆公交车坠江事件前后经历重大反转。部分媒体在未获得全面信息之前,基于刻板印象,将事故归咎于小轿车女司机,一时间,女司机经受了网友铺天盖地的谩骂甚至曝光。

但没过多久,事情出现反转,重庆警方通报重庆公交坠江事件原因:

系公交行驶中突然越过中心实线，撞击对向正常行驶小轿车后坠江。

事件仍在调查中，可舆论的矛头又迫不及待地指向了公交车司机。

当年10月31日凌晨，黑匣子被打捞出水；11月2日，人民网首先发布了黑匣子视频内容并说明坠江原因：乘客刘某因错过下车地点与司机冉某发生肢体冲突，导致车辆失控。随后，重庆市万州区公安局官方微博@平安万州也发布了坠江原因报道。

此事件中部分媒体的不当报道，不仅对女司机造成伤害，也损害了受众的知情权，有损媒体的公信力。因此，媒体和新闻工作者要冷静、全面、客观地思考，坚持自身专业性，努力保持新闻的真实性。

为了避免报道突发灾难性事件时不慎"入坑"，大家可以尝试下面的"组合拳"。

1. 抓取硬新闻　防止"软搭车"

突发灾难性事件，应该从宏观上把握事件的全貌，加强前端策划，有指向性地思考、有针对性地选择着眼点，保持灾难性硬新闻自身庄重的特点，防止娱乐化报道消解事件的严肃性和损害媒体自身的公信力。

如在河南灾情中，不少媒体和互联网平台从事前、事中、事后多个维度，采用消息、通讯、特写、专家评论、直播、微博、微信推送等多样化形式，尽力保障受众知情权，让受众及时了解灾难现场的情况。而类似"入住高地 让风雨只是风景"和"就算大雨让这座城市颠倒 有车位 无烦恼"的"软搭车"宣传就显得不合时宜。

2. 涵养采访资源　迅速打开局面

灾难性事件发生时，记者的采访报道也会受到一定影响。如此次河南灾情伊始，记者就面临着封路封桥、断水断电的困难，所以想得到准确、及时的报道，要靠平时采访资源的积累来打开局面。

此次报道中，在郑州、新乡、鹤壁、安阳洪灾一线，中新社前线记者充分利用平时积累的资源和人脉，积极联系当地党委政府、武警、消防等救援力量以及文物保护等相关部门，才得以在保证自身安全的前提下深入现场，采写了《河南浚县卫河抢险决战夜：灯火通明战激流》《实探世界文化遗产河南安阳殷墟景区：文物安好》《河南医界"大象"的雨中自救：一昼夜完成逾万名病患转送》《郑州地铁5号线里的"忘年交"与"逆行者"》《两座医院之间的"空中救援"》《特写：暴风雨中，"小人物"带来"大感动"》《河南文物局局长为什么哭了？》《实探郑州富士康：智能手机产区生产如常》等稿件。既向受众传递了救援的最新情况，又挖掘了救援现场多个感人瞬间，这离不开报道者平时对于采访资源的涵养与积累。

此外，中新社利用平时积累的专家资源，第一时间采访气象专家来解释"河南为何成为中国的降雨中心？"；"中国焦点面对面"栏目专访国家气候中心副主任贾小龙，阐释了河南暴雨与全球气候变化的关联，起到了回应受众关切、为受众答疑解惑的效果。

3.反复求证　避免"道听途说"

灾难性事件报道中，错综复杂、亦真亦假的信息经常会在人们焦虑紧张时乘虚而入。因此，专业新闻机构应成为谣言过滤器。记者在报道过程中要保持冷静，认真核实信息，认真比对观点相左的信息，对信息多加验证，避免"道听途说"。

此次河南水灾报道中，不少媒体均引用郑州气象台官方微博的"千年一遇"来形容郑州暴雨，而中新社记者没有急于"跟风"，一方面考虑到此次暴雨超乎前期预警，另一方面也缺乏中国气象部门和河南省官方的准确认证，经过反复斟酌，最终决定慎用此类说法。

对于暴雨伤亡人数等关键数据，中新社记者也是反复求证，多次致电河南省委宣传部和郑州市委宣传部进行核实，经过对比"郑州发布"和河南省委宣传部反馈的信息，最终成稿，确保了信息的准确性。

4.把握时度效　打破"肠梗阻"

互联网时代，媒体传播呈现多样化趋势，灾难性事件突发性强、危害性大，在受众对信息需求极为迫切之时，真相容易受阻，谣言极易传播。因此，专业媒体把握好时度效至关重要。

时，即同时把握好时新性和时宜性，既需要快速及时，也需要因时制宜，结合大势、把握时机；度，即适度，需要把握好报道的分寸和尺度，不夸大、不隐瞒，敦本务实；效，即有效性，需要恪守"速报事实、慎报原因、再报跟进"原则，以科学和事实为依据进行准确报道。

以2018年10月17日5时许发生在西藏林芝市雅鲁藏布江峡谷的山体滑坡灾害为例，当日中新社西藏分社即启动应急报道方案。22时，分社即派两位摄影和文字记者连夜赶往500多公里外的灾区，后方则由其他三位记者进行配合。采访现场，前方记者突破采访的重重障碍，最终以消防为突破口，争取到了西藏消防的随行采访权，其中多篇稿件先于其他中央驻藏媒体第一时间发布，此为把握好时。

把握好度，分寸、节奏、火候都至为关键。突发事件一旦处置不当，将在短时间内形成舆论焦点，引发舆情事件，带来负面冲击波。因此，应根据突发灾难性事件的性质、危害程度、波及范围等，来推敲说什么、不说什么，以及通过什么形式报、以多大力度报、怎么报。

把握好效，则应从社会最大公约数出发。在前文提到的重庆公交车坠江事件报道中，中新社坚持突发事件报道"速报事实、慎报原因、再报跟进"原则。记者当天赶往300多公里外的事发现场，采访负责现场搜救的武警重庆总队、蓝天救援队和当地居民，援引官方权威信息，当日连续采写《重庆一辆大巴车坠入长江 具体伤亡未知 当地正全力救援》《警方证实重庆坠江 公交车上载有10多人》《直击重庆坠江公交车搜救现场：长江中搜寻十余条生命》等多篇稿件，抓住关键节点，化解了负面舆情，掌握了舆论主动，受到多家外媒的关注，很好地把握了"效"。

05

地方新闻如何卡C位

当全网@哈尔滨，记者如何花式整活儿？[1]

小牛敲黑板

随着哈尔滨冰雪旅游的火爆，全网的目光都聚焦这座美丽的城市。本文通过记者们的亲身经历，展现了他们如何在全网关注下花式"整活儿"，如何在极寒天气中坚持直播，如何在信息爆炸中筛选有价值的内容，以及他们如何与这座城市共同成长。

2024年哈尔滨的爆火在人们的意料之中，过去一年早有征兆。但是火成这样，却令人始料未及。

当全网@哈尔滨时，记者也被疯狂@，节目如何像"冻梨摆盘"一样出圈？稿件如何像"骏马插翅"一样起飞？哈尔滨挖空心思"上才艺"，记者也在绞尽脑汁花式"整活儿"……

---

[1] 作者：王琳，中新社黑龙江分社记者。

01 哈尔滨火了，记者是啥体验？

感到被动。跑了10多年旅游新闻，往年招待客（qiě），我能客串"导游"讲解。今年，人家一问一个不吱声，游客享受的那些，咱也没见过呀。已经戒大澡堂一个月啦，好想来一套醋搓、推奶、姜汁头疗、肩颈按摩……

充满喜悦。被动到一定程度是尴尬，很多托我订票、订酒店的忙儿，一个都没帮上。亲测一票一席难求的火爆，心情用东北话说就是"哎呀妈呀，老高兴了"。

忙到飞起。每年，冰雪旅游一火，我家就不开火了。今年，我作为家里的掌勺，吃饭都得抽空。

02 寒冬户外直播，设备咋能扛住？

结束冰雪大世界试开园首日的直播后，兄弟分社咨询："电池咋扛住的？"我说："扛不住。"那天最低气温-29℃，直播全程"关关难过"。

此前，直播团队做了充分准备，我提前一天踩点，摄像老师将几部手机放在户外，测试每一部的续航时长。当天，我们用了不同品牌的5部手机，还备出多个充电宝、话筒、稳定器，播到最后所有设备电量为0。回来的路上，我们冻得哆嗦，复盘"关关过"的经验：

要有充足的备用设备，提前调试好，关机就换下一个；控制直播的时长，要比设备能扛住的时间短。

把使用电池的设备贴上热贴，手机把壳摘掉，贴在背面。

手机要插充电宝，还要插接收器，所以只有一个插口的手机不太方便。

缩短测试信号的时间，把设备和人的最好状态留在正式播。信号是随人流变化的，正式播和测试的时候不一样，别在演习消耗实战的"子弹"。

03 出镜怎么穿，才能美丽不冻人？

从冰雪大世界出来打车，司机问："你是我拉到的第一个本地人，去玩呀？"我的主要工作是观察游客怎么玩。他又问："一般人平均能待1个多小时，你呢？"我最多一周去3趟，最长一次待了8个小时。

记者既要冲锋陷阵，又要面对镜头，怎么穿才得体？分享一下我的宝藏衣橱。

保暖要叠穿。上身穿保暖内衣、羽绒服内胆和抓绒，下身穿大棉裤和羽绒裤，外面套的羽绒服选长款加厚。

热贴做盔甲。在肚子、后腰、胳膊、大腿、脚底都贴热贴，推荐带绑带的脚贴，不脱落、不移位。

巧借装饰物。做不到每次出镜着装都不同，起码看起来令人耳目一新。西装搭配不同的丝巾、胸针，羽绒服搭配不同的帽子、围巾、手套。常规报道时，可有一个鲜艳的颜色作调和。

04 面对信息井喷，如何大海捞"珍"？

哈尔滨"花式宠客"，媒体"卖力整活儿"，作为文字兼出镜记者，我也跟头把式、边干边学。同一波热点，需要锚定不同的角度、形式和风格，要大海捞"珍"得另辟蹊径。

筛选社会热点，慎用网络热梗。抢抓热点、善用热梗，能令新闻更有接近性、趣味性，但热点和热梗也要过筛子。

不同传播渠道，不同作品风格。作为国际通讯社，中新社拥有丰富的发稿渠道，记者既要历练融媒体报道的综合能力，也要面向不同受众找准方位感。

例如，稿件《哈尔滨一夜爆火？"我们已做了一年准备"》，编辑表示："主要面向海外读者，行文要短、简、浅、易。"虽然长篇的"貂皮大衣"裁成了短篇的"貂皮背心"很心疼，但领悟后深表认同。

客观就事叙事，切忌踩一捧一。"貂皮大衣"经过精深加工，形成稿件《"霸总"宠客"老炮"翻红 哈尔滨冰雪旅游不止赢在热情》，表述更有网感、采写更加充实。这两篇稿件都在社内获奖，通过这篇稿件，我还学到了慎用不同省市的情况对比，要有"各美其美，美美与共"的大局观。

挖掘地域特色，表述深入浅出。基于对哈尔滨旅游的了解，我透过流量、热情等现象，着墨于冰雪文化、服务意识、管理理念等厚积薄发的本质。其间，在与同事的探讨中，我又学了一招：通过举例代替说理，会让文章更柔软、耐看。

需看山外有山，虚心学习借鉴。一场传播热潮，炸出很多高人。我收藏了其他央媒的几篇推文，写得真好。黑龙江省内的报纸、广播电视台，在从传统媒体向新媒体转型后，业务实力依旧强劲，自媒体也佳作频出。记者埋头创作时，记得抬头看看"山外山"。

预判舆论走向，保持冷静克制。舆论是波浪式前进的，不会一直居高或走低，迟早回归平静。需预判舆论走向，谨防过犹不及、舆论反噬，媒体人更需冷静克制、不要过度阐释，适时收一收口子、降一降调子。

05 结语

哈尔滨冬天的冷，只有亲身体验才知道。设备扛不住，人也扛不住，一场节目下来，手也木了、嘴也瓢了。有一次，录冰雪卡丁车的节目，虽然红色的赛车服很漂亮，但那是一套很瘦的单衣，里面只能穿下一件毛衣。那场录了3个小时，回家喝完姜汤还浑身发抖。

最后，作为"龙江旅行推荐官"，为家乡文旅分享浅见。为了避免"外行指导内行"，仅从推广角度谈谈感受。

流量为辅、实干为主。流量，流量，它是流动的。推动文旅产业高质量发展应坚持不懈。这样"二刷"哈尔滨的游客会说："尔滨不陌生，一直这么好。"

深耕文化、讲好故事。采访时发现，哈尔滨每年举办国际冰雕、雪雕赛事，各国顶尖艺术家精心创作了"会融化的艺术品"，却鲜有人驻足欣赏。哈尔滨的冬天俨然一座"冰雪艺术博物馆"，历史文化悠久、冰雪艺术厚重、文旅资源独特，需将文化和故事讲透，讲到人心坎儿里。让游客的喜爱始于颜值，陷于热诚，忠于渊博的内涵。

纳谏如流、通时达变。以冰雪大世界为例，我们在拍摄梦想大舞台时，看到游客跟着"左右哥"又唱又跳很开心，但为了玩冰滑梯排队，把热情都冻没了。

分社同事分享了一个点子：规划建设时，可将两个项目联动，在大滑梯那儿设大屏幕，同步传送大舞台的声画信号，游客边排队、边互动，还可以通过抽奖直接上去滑。

我进而想到，景区可以和入驻的商户联动，抽奖赠送排队的游客一盘热乎饺子等，既可以管理客流、调动情绪，没准还能收获意外的推广效果。

以上，是报道哈尔滨出圈的一些心得体会，承蒙厚爱，请多指正。一件新闻作品的台前幕后，凝结着许多同行、同事的心血。感谢为新闻事业、家乡发展奋斗的人们。

用地理之"眼"挖特色新闻源[1]

小牛敲黑板

作者从事新闻工作几十年,实践中,常常思考"地理"与"新闻"的"两下锅"问题。作为一门综合性学科,地理学具有很强的"跨界性"与"繁殖性"。有学者形象地将地理学比喻为"母鸡","生出"众多地理分支学科之"蛋",而它能否"生出"一枚"新闻地理学"之"蛋"呢?

首先看这条新闻:

海南南繁:走向世界的中国"种业硅谷"(节选)

中新社记者　王晓斌

海南三亚4月已是骄阳似火。63岁的国家粳稻工程技术研发中心主任华泽田,脚穿雨靴在一片稻田里挥汗劳作。他脚下约60亩的稻田,是海南南繁育种核心区之一,生长着上万份水稻试验材料。

"海南是南繁育种的黄金宝地。"88岁高龄的"世界杂交水稻之父"袁

---

[1] 原载中国新闻社·业务通讯2019年第10期,略有删改。作者:杨旭,中新社海南分社原社长。

隆平思维敏捷、身体健朗。"一般搞一个品种要八个世代，一年一代要八年。在三亚，三年就可以育出八个世代。"

近十年的统计显示，由中国国家农作物品种审定委员会审定的品种，有1345个出自南繁，占总数的86%；由省级农作物品种审定委员会审定的品种，育自南繁的占比超过九成。南繁也因此被称为中国"种业硅谷"。

这条新闻具有明显的地理特质和地域差异。

很多新闻具有一定的地理特质。这是由新闻"五要素"之一的Where决定的。Where，是新闻与地理建立关系的"天然桥梁"。新闻学定义，Where是新闻发生的地点，有时是一个"点"，有时是一个"区域"。笔者认为，Where的本质是地理位置或者是地理空间，其背后是地理环境。这一环境由自然和人文因素组成，或者是新闻事实产生的源头，或者是新闻事实产生的条件，或者是新闻事实产生的背景，从而对新闻事实的构成产生影响，进而影响新闻活动。

地域分异规律是自然环境的基本规律之一。自然地理环境地域分异是人文地理环境地域分异的基础。新闻活动与自然地理环境和人文地理环境密切相关。因此，不同的地理环境就会产生不同特色的新闻。

"上知天文，下知地理"是形容一个人学识渊博的赞语。作为新闻记者，掌握一点地理学知识，对发现和挖掘新闻也是有帮助的。

01 用地理之"眼"看新闻价值

笔者认为，新闻价值五要素时新性、重要性、显著性、接近性、趣味性均与"地理"相关。

用地理之"眼"看时新性

时新性，通俗地说就是新闻发稿的快与慢。1936年6月，美国记者斯诺首次进入陕甘宁边区，对中国共产党领导人、红军战士、边区政府和人民进行了详细采访。四五个月后，斯诺回到北京（当时称北平），发出了大量报道。1937年10月，《红星照耀中国》在英国伦敦公开出版，引起轰动。

斯诺为什么没有边采访边发稿？在那个年代，地理位置偏远和地理环境恶劣就是交通和通信不发达的代名词。在《红星照耀中国》一书中，斯诺对赴"红区"路途之艰辛、陕北黄土高原独特的地形地貌、采访过程之不易等均有详细描写。可以想见，在信息传递靠邮寄的彼时，加上当时国民党的封锁，斯诺在中国的西北角很难将新闻稿件传递出来。

今天，通信和传播技术手段的现代化，扫清了传播过程中的地理障碍，大大提高了新闻的时效性。即使如此，还是要考虑新闻发生地所处的位置（如进入深山、海洋采访）是否具备通信和传播条件，并做好相应的准备工作（如携带海事卫星电话），避免影响新闻时效性。

在国际新闻传播中，时区对新闻时效的影响也是不可忽视的因素，这里不再赘述。

用地理之"眼"看重要性

复旦大学教授李良荣这样论述新闻的重要性：事件与当前社会生活以及广大群众的切身利益有密切关系，势必引起人们的关心，例如，政局的变动、政治决策、战争、重大经济信息、重要科技发明、天气的显著变化、重大的灾害、疾病以及当前国际政治、经济的新动向等。与人们关系越密切，关系面越大，新闻价值也越高。

李教授所述"政局的变动、政治决策、战争、重大经济信息、重要科技发明"等与一个国家的首都、领土、疆界等政治地理元素相关。国家是政治地理单元，首都首先是政治中心，然后可以是经济、科技、文化等诸多中心；是新闻的聚集地，同时也是发散地。因此，首都往往是本国重要新闻机构的聚集地，外国重要新闻机构也会设立派出机构在此采集新闻。在首都发生的政局变化、政治经济决策等影响着国家的未来、国民的福祉以及国际关系，其重要性不言而喻。因此，一个国家的首都是重要的新闻源。

同样的道理，地理尺度再小一些的省市自治区和重要城市、经济文化功能区等，其省会首府市府等也是重要的新闻源。

疆界领土纷争往往是战争的导火索，是新闻机构重点关注的地方，还由此产生了新闻业界的特殊称谓——"战地记者"。

国际政治、经济、军事的发展，与地缘政治关系密切。地缘政治是政治地理学概念。它主要是根据地理要素和政治格局的地域形式，分析和预测世界或地区范围内的战略形势和有关国家的政治行为。它把地理因素视为影响甚至决定国家政治行为的基本因素。地缘政治背景往往是新闻背景，运用得当则有利于提升新闻价值。

用地理之"眼"看显著性

显著之人、显著之事、显著之地，是显著性所指内容。其中的显著之地，有的是自然显著，如名山大川；有的是人文显著，如知名建筑等。自然现象的综合体是自然景观。人文景观又称文化景观，是居住于该地区的人们为满足需要，利用自然界所提供的材料，在自然景观的基础上，叠加自己所创造的文化产品。

许多特殊地理景观具有显著性特征，有些还兼具重要性。例如，长江是中国的显著地理景观，20世纪60年代，我国在长江上建设武汉长江大桥，这一新闻引起巨大轰动。至今，南京长江大桥、葛洲坝、三峡大坝、长江经济带建设、长江生态保护等新闻层出不穷，均以"长江"为地理景观标志，从而受到广泛关注。

美国"9·11恐怖袭击事件"是与地理景观标志物相关的新闻。位于纽约曼哈顿的世贸中心是众所周知的地理景观,其遭恐怖袭击,造成重大人员伤亡和经济损失,新闻价值不言而喻。

还有一些新闻,其不直接发生在某一知名地理景观标志物上,而是发生在这一标志物周边区域,同样引人注目。例如,发生在美国白宫周边的抗议活动、爆炸、车祸等新闻,因贴上了白宫"标签"而有了附加值。

用地理之"眼"看接近性

新闻学所说的接近性,首先是地理区位上的接近,然后是受众心理上、情感上的接近。接近性的另一种内涵是利益的关联。南海是中国最大面积的海域,周边国家对南海关注度极高。海南分社采写、发出的南海海洋环境保护、旅游开发、基础设施建设等新闻,受到南海周边国家媒体的持续关注,接近性使然。

用地理之"眼"看趣味性

趣味性不是猎奇和刺激的代名词,趣味性是指新闻事实新奇有趣,富有知识性、人情味等。

与一些"硬邦邦"的新闻相比,风土人情、名山大川等"软"新闻,趣味性更强。不少神奇的动植物故事,自然地理现象,如海市蜃楼,以及对一些地理之谜的探寻,等等,是趣味新闻的良好素材。

02　用地理之"眼"寻找新闻之源

关注区域地理资源中的"特有"新闻资源

说说"大熊猫新闻"。在世界上,提起大熊猫,人们都知道是"中国的",如同考拉是澳大利亚的。而在中国,提起熊猫,人们会说是"四川的"。大熊猫是中国的特有物种,栖息在四川、陕西、甘肃交界的大山中,栖息面积达2万多平方公里，种群数量的80%以上分布在四川省境内。因此，四川省于1963年设立卧龙自然保护区，对大熊猫及生态系统进行保护，于1980年建立中国保护大熊猫研究中心。

大熊猫是生物地理圈中的珍品，其栖息地便成为全球"大熊猫新闻"的源头。

区域地理资源中一些"特有"元素往往是"特有"的新闻资源。

中国各省区市之间、世界各国以及跨行政区域而形成的各类文化区、经济区等，均具有各自独特的地理资源，这些"特有"元素包括动物、植物、地形地貌、河流、气象气候等自然元素，更包括经济、文化、宗教等社会元素。对于新闻记者来说，都是可挖掘的新闻资源。你发现了"特"之处，就能写出"特"新闻。

关注地理带中的"对应"新闻资源

一是自然地理带。如气候带、地震带、台风（飓风）活动带等，是新闻产生的地理条件，与新闻的"对应关系"非常明显。处于亚热带、温带季风气候带的中国东部地区，每年夏季受副热带高压控制，产生连续的高温天气，"高温新闻"随之产生，成为"新闻四季歌"的重要组成部分。

地震、台风（飓风）常常带来灾害，产生"灾害新闻"。了解它们的地理分布，建立快速反应的突发事件新闻报道机制，既是传统媒体做好报道的需要，也是新时期媒体融合发展的需要。

农业是受自然条件影响最大的产业。不同气候带的农业和不同地形地貌条件下的农业，有着较大的地域差异。这就是农业的纬度性差异、经度性差异和垂直性差异。记者了解这种差异，便能采写出具有地域特色的农业新闻。

二是人文地理带。著名的丝绸之路，由德国地理学家李希霍芬1877年提出。海上丝绸之路由法国汉学家沙畹1913年提出。丝绸之路和海上丝绸之路均属人文地理带范畴。中国国家主席习近平提出共建"一带一路"倡议,赋予"一带一路"全新的重要内涵,坚持把共建"一带一路"打造成为顺应经济全球化潮流的最广泛国际合作平台,"一带一路"成为国际性新闻资源,备受中外媒体关注。

"中小尺度"的人文地理带更多,如一些文化带、城市群等,均是新闻源头,不再赘述。

关注因"地理圈"而结成的"利益圈""朋友圈"新闻资源

地球上的国家因各种需要,结成许多"圈子"。在这些"圈子"中,有因地理区位关系而结成的地缘政治"圈子",如北大西洋公约组织、美洲国家组织等;有以区域经济为纽带而结成的"圈子",如亚太经济合作组织、世界贸易组织、太平洋经济合作理事会、石油输出国组织等;还有少数有影响力国家结成的"圈子",如八国集团、二十国集团等。上述这些"圈子"的政治、经济、军事等活动,牵动全球神经,涉及国家和人民利益,成为重要的新闻资源。

03 构建"新闻地理学"之浅见

地理学是一门综合性学科,具有很强的"跨界性"与"繁殖性"。有人形象地说,地理学是"母鸡",已"生下"政治地理学、经济地理学、文化地理学、人口地理学、社会地理学、军事地理学等诸多学科之"蛋",能否与新闻学跨界"生出"一枚"新闻地理学"之"蛋"呢?

从目前研究成果看,"新闻地理学"的论著和论文比较少见。复旦大学出版社列出的"复旦新闻传播类优秀教材目录"中有70余部著作,没有一部"新闻地理学"方面的。浙江大学传播研究所邵培仁教授研究媒介地理学成果颇丰，在《媒介地理学——媒介作为文化图景的研究》中，包含了新闻媒介和非新闻媒介与地理之关系的研究，新闻媒介部分只有"报刊地理"这一章的论述。该书列出的中外参考文献中也没有与"新闻地理学"相关的著作和论文。由吴传钧、王恩涌、李润田等我国十几位地理学家主编的、科学出版社出版的《中国人文地理丛书》一套12册，有《中国边疆地理（海疆）》《中国民族地理》《中国政区地理》《中国社区地理》等，也未见有"新闻地理"。笔者曾委托同事在北京国家图书馆查询与"新闻地理学"相关的文献，未有收获。

　　随着时代的发展，新闻活动已越来越深入人们的工作、生活，人们也越来越多地运用自媒体手段参与新闻传播活动。地理环境因素如何对本区域新闻活动产生深层次影响，新闻活动对地理环境的反作用如何呈现，新闻类别与地理区位的对应关系如何构建，进一步探讨中外新闻业的产生、发展、分布与地理环境因素的关系，新技术条件下媒体融合发展的地理起源与扩散等等，能够为"新闻地理学"研究提供丰富的内容。笔者认为，"新闻地理学"应成为研究人类新闻活动与地理环境因素相互作用形成新闻现象的分布和变化规律的科学。

别错过这些节日新闻"彩蛋"![1]

小牛敲黑板

西藏,这片神秘而多彩的土地,节日众多,传统与现代交织。在节日报道中,我们不仅要捕捉那些如"金色飞贼"般引人注目的新闻焦点,更要像寻找"彩蛋"般,耐心挖掘每一个节日背后的故事与深意。"年年岁岁花相似",如何在相同的节日中,寻找到不一样的新闻"彩蛋"?来,和小牛一起看看吧!

电影《哈利·波特》中,一场盛大的魁地奇比赛里,谁能抓住"金色飞贼",谁就取得整场比赛的胜利。"彩蛋"一词源于西方复活节找彩蛋的游戏,后来多被用于电影之中。在新闻报道中,我们不仅要有抓住"金色飞贼"的强大能力,也要有寻找"彩蛋"的不懈耐力。

提到西藏,除了碧湖蓝天的美景,很多人的第一反应就是唱歌、跳舞,一派欢腾的场面。历史悠久的西藏,有很多民俗传统活动延续至今,形成庆祝节日、纪念日等。通过做足功课、融入其中、调动五官,我们努力在相同的节日中,寻找出不一样的新闻"彩蛋",为读者呈现一个更加

---

[1] 作者:赵延,中新社西藏分社记者;谈笑,中新社通稿中心编辑。

立体、鲜活的西藏。

01 做足功课，发现"彩蛋"

俗话说：不打无准备之仗。在节日报道中，做足功课是必备的专业素养之一。

目前西藏的节日主要包括两类：一类是岁时节日（根据季节举行的节日），如藏历新年、春耕仪式、林卡节、雪顿节、望果节等；另一类是宗教节日，如仙女节、沐浴节、燃灯日等。

据西藏博物馆的民俗专家吉如·巴桑罗布介绍，西藏各种节日的由来与历史上人们的生活环境和状态息息相关。藏族是一个比较悠闲，天生富有知足感和幸福感的民族。这不仅与其传统文化有关，更是自然环境所致。

"现在很多节日在历史上，只是一个小型宗教或民俗活动。"吉如·巴桑罗布解释称，"从文化传承和发展演变过程来看，人们的生活条件、环境发生了变化，充分具备了过节的精神和物质条件。在历史的进程中，不断吸收时代发展的成果，节日内容越来越丰富，形式也变得多样。"

透彻了解活动的起源和内涵后，再从活动项目中寻找"彩蛋"便容易得多。

雪顿节作为一个具有对外报道特色的节庆活动，在了解该活动的基础上，深入发掘亮点便是我们一直寻找的"彩蛋"。

《西藏哲蚌寺展佛 拉开雪顿嘉年华》一稿中，除了对雪顿节起源的介绍，还展示了这个节日在数百年中对传统文化的传承与发展，此外，对外国游客体验雪顿节项目，感受藏族传统民风习俗，也进行了重点着墨。一个开放、发展的拉萨，就呈现在了读者面前。

02　融入其中,"彩蛋"自现

在很多报道中,体验式报道很容易出彩,节日报道当然也不例外。将自己融入节日,与采访对象产生共鸣,稿件则更偏重细节描述、更具现场感,文字则更生动、真实,更易打动读者。

比如,报道春耕、望果节时,和农牧民们一起播洒、收获希望,在田间地头喝酥油茶、吃糌粑;报道仙女节时,和卓玛(姑娘)们一起喝青稞酒、跳舞;报道萨嘎达瓦期间,和信众一起转经;等等。

4月,藏历迎来传统的萨嘎达瓦宗教活动,相传这是佛祖释迦牟尼诞生、成道、圆寂的月份,因此也被称为"佛诞月"。在此期间,新闻报道除了活动本身,还可以发掘出哪些新闻"彩蛋"呢?

《与其美老人一起拉萨转经》一稿中,系统梳理介绍了延续千百年的几条转经道。读者乍一看,以为就是一篇与老人沿着转经道转经的稿件,其实不然。

记者通过和其美老人一起转经,亲身感受着转经道条件的改善给广大信众带来的方便,在一路和其美老人的交谈中,了解了拉萨的旧貌,再通过记者的笔触,将拉萨旧貌与新颜生动地展示于读者面前。

除了传统节日,现在西藏还有了很多新的节日。吉如·巴桑罗布介绍,新中国成立以来,新生了西藏百万农奴解放纪念日、西藏和平解放纪念日等节日。

2021年的3月28日为西藏百万农奴解放62周年纪念日,西藏百万农奴解放纪念馆新馆也于当日开馆,受到外界关注。

《探访西藏百万农奴解放纪念馆:这一天雪域高原迎来新生》一稿是记者在开馆日前夕提前探访该馆所写。

探访过程中，记者注意选择在西藏民主改革中具有标志性意义的展品，并采访讲解员深入了解展品信息，力图挖掘"大历史"之下更多的"小细节"。采访中，我们所寻找的新闻"彩蛋"随之呈现在眼前。

03　调动五官，寻找"彩蛋"

时间进入夏季，西藏雨季来临，气候变得湿润温暖，树木也变得郁郁葱葱。这时，很多民众在节假日走出家门，找一处山清水秀的地方过林卡。

林卡，藏语意为园林。过林卡，是藏族人与亲朋好友聚会、亲近自然的一种休闲娱乐方式。

在凉爽的拉萨过林卡到底有多惬意，文字表达此时略显苍白，新媒体便成为受众更欢迎的报道形式。

西藏分社的网络直播《三伏天的拉萨最高温22℃　当地人怎样过凉夏》，全方位展示了过林卡丰富的活动项目——户外烧烤、野餐、赏花、锅庄、温泉……可谓是应有尽有。

此时，处在高温中的网友投来羡慕的目光，对凉爽的拉萨充满向往，同时也对拉萨充满好奇，纷纷向主播提问：拉萨有蚊子吗？出门要穿外套吗？睡觉要盖被子吗？……这些能引发网友共鸣的"彩蛋"，也一度冲上热搜。

"中国农民丰收节"于2018年设立，时间为每年"秋分"。而已有1500多年历史的"望果节"是藏族农民欢庆丰收的节日，每年于藏历五月至七月间举行，与丰收节的内涵十分相似。

在2018年秋分首个"中国农民丰收节"来临之际，西藏分社和福建分社、黑龙江分社联合直播——《镰刀一扬 跟着直播来收粮》，在大片青稞地里，拉萨堆龙德庆区的村民带着镰刀等农具，向网友们介绍青稞及其生长环境，并介绍望果节的传统民俗习惯。

劳动过后，大家在田间地头共饮青稞酒，喝到兴起时，村民们对着镜头高声歌唱，广大网友纷纷留下"扎西德勒！"的祝福。

在这些网络直播中，网友们都能发现自己关注的内容，进而与主播产生互动，找到属于自己的"彩蛋"。

"生活中从不缺少美，而是缺少发现美的眼睛。"愿大家都能拥有一双善于发现"彩蛋"的眼睛，找到身边不期而遇的美好！

· 西藏哲蚌寺展佛　拉开雪顿嘉年华

· 与其美老人一起拉萨转经

· 探访西藏百万农奴解放纪念馆：这一天雪域高原迎来新生

05 地方新闻如何卡C位

·羡慕！三伏天的拉萨最高温22℃　当地人怎样过凉夏

·镰刀一扬　跟着直播来收粮

还能这样抓大热点[1]

小牛敲黑板

在捕捉大热点时，记者们需敏锐捕捉"新闻眼"，深度挖掘题材，并善用地利之便广交朋友，拓展新闻资源。"三千孤儿入内蒙"等热点事件的报道经验，可以让我们看到地方分社记者如何以独到的视角和策略，将地方新闻做得既有深度又具传播力。

内蒙古的新闻，总离不开"羊煤土气"。

"羊"：指以羊绒、羊肉等为代表的农畜产品资源，和以无污染大草原为核心的绿色概念、草原生态文化资源。

"煤"：内蒙古境内含煤面积达10万平方公里，全区101个旗县市区中，67个旗县有煤炭资源。

"土"：内蒙古包头市稀土储量占全国的87%。

"气"：内蒙古拥有我国最大的世界级整装气田——苏里格气田。

没错，这些题材年年写，多数时候挺平淡的。

但是，再平淡无奇的天空，偶尔也会有流星划过。问题是，你能不能

---

[1] 作者：李爱平，中新社内蒙古分社记者。

捕捉到这样的闪光点?

2021年全国两会期间,我有幸抓住了这样的瞬间。

地方分社记者要抓这样的大新闻,我以为,天时、地利、人和缺一不可。

01 如何把握天时?首先要有一双"新闻眼"

把握天时,在重大新闻报道中,首先要有一双"新闻眼",敢于对重大题材进行深度挖掘。

2021年3月5日,习近平总书记在参加十三届全国人大四次会议内蒙古代表团审议时,提到了"三千孤儿入内蒙"的故事。

在激烈竞争的各家媒体中,这样的故事是谁都不愿漏过的重大题材。

嗅觉灵敏的记者,应该迅速地竖起敏感雷达:是不是可以在事件发生地进行深度挖掘?是不是可以寻找新闻第二落点,找到更好的故事?如何在同题材下取得不俗传播效果?

于是就有了这篇,我与身在北京的记者邢翀合作的《走近"国家的孩子"背后:三千孤儿入内蒙 草原风雨无阻》。

当错过第一落点,或者说第一落点并非在你跑口领域时,能不能迅速找到与你跑口领域相关的第二落点,这考验着记者的功力。

当重大新闻发生时,抓住受众对新闻事件真正想洞悉的深层次原因,并启动策划,是为上策。

02　地利的背后是广交朋友

作为新闻资源不够丰富的内蒙古大草原，如何做好举国关注的大事件、大热点？广交朋友，善于利用地利之便，是稿件出彩的关键。

稍早前，我曾和同事做过嫦娥"五姑娘"落地的报道，这是航天界的一件大事，我们在"五姑娘"即将落地的前一天才赶到现场。

为了熟悉情况，我们借用地利之便，分别找到了当地的武装部门、公安、边境派出所熟人，采访到了"五姑娘"落地前的动态，最终得以刊登相关报道，并获得好评。

此番又赶上了"三千孤儿入内蒙"故事传播的大事件。

如今回溯这两起新闻大事件的共同点，可以看出，除了地点均在内蒙古四子王旗，广交朋友，加上严谨核实才能既不落窠臼，又能做出全国都关注的稿件。

作为一名地方分社记者，长期的采写让我交到了不少朋友。"三千孤儿入内蒙"这个题材之所以能够迅速采写，与多年朋友——《国家的孩子》一书作者萨仁的热情帮忙有关。

作为权威人士，萨仁对这段历史非常熟稔，她给我发来该书的部分章节，让我先熟悉，然后再采访。我如获至宝，在梳理书中精要的过程中，那些充满感情的笔触让我泣涕涟涟。

很快，我从书中给出的相关脉络，找到了采访的另一名核心人物——都贵玛；与此同时还找到了四子王旗委宣传部长段雅丽，请她谈了"三千孤儿入内蒙"的背景，以及都贵玛老人的感人故事。

庆幸的是，看新闻联播时"意外"发现孙保卫是都贵玛老人抚养过的一名孤儿，对于这一事件当事人，我通过朋友很快与之取得联系，顺利进行了采访。

值得一提的是,当年"三千孤儿入内蒙"故事涉及不少档案信息,我也通过朋友看到了内蒙古档案馆的相关图片及文字。

03 所谓人和,其实是对个体生命的关怀

在关乎个体生命的新闻报道中,抵达现场正是寻求人和的组成部分,也是稿件最终能够胜出的关键一环。

当然,新闻报道中,是否做好人和也起着稿件能否刊登的决定作用。

就拿这篇报道来说,在以最快速度完成了上述采访后,我总觉得还差点什么,心里多少有点不踏实。

我深知新闻学中有"七分采、三分写"的说法,于是在初稿写完后,最终决定到都贵玛的家和孙保卫工作的场所进行再次采访。

我想面对面地感受这些新闻当事人的生命气息,我总觉得在孙保卫和都贵玛之间还有一些故事可以挖掘。

这个判断是准确的,通过面对面的采访,在完成人和的交融时,一些细节也闪烁其中。比如孙保卫说,"额吉知道我要来,远远地等着,看到我来了,高兴得手直发抖"。

04 新闻如何有"味道",考验着"厨师"的手艺

一篇稿件能否有"味道",除了前期的辛勤努力,更重要的是如何将

所采摘的菜，烹饪成一桌大餐。

在长期的新闻报道工作中，我的体会是用简洁的语言讲好故事，使之节奏紧凑、主题鲜明，是当下受众喜爱的"大餐"。

比如，《等待嫦娥"五姑娘"回家的人们》最初有1600字，但经编辑老师修改为1200字后，传播效果居然好得出奇。

回头来看《走近"国家的孩子"背后：三千孤儿入内蒙 草原风雨无阻》，我认为这篇报道之所以能得到高分，主要是因为有一个会做菜的厨师——邢翀帮厨。

我的初稿在2500字左右，邢翀对文字删繁就简，最终"消灭"了700多字，成稿主题集中，逻辑明确，叙事节奏明快。

05 学无止境，新闻是遗憾的艺术

新闻稿件有没有传播价值，标题亮不亮是关键。

我和邢翀合作的这篇稿件先后更换了近10个标题。

与文学作品不同的是，新闻作品尽管也需要遣词造句、精心打磨，但因时效性等很难做到无数次修改，这也使得新闻在实践中不得不一次次成为"遗憾的艺术"。

这篇稿件刊登后，有的报纸编辑将"草原风雨无阻"一句改为"一场爱的传递"。

这样的改动也不无道理。"三千孤儿入内蒙"就是一个感人的民族团结的故事。

我和邢翀一致认为，作为中新社的稿件，我们希望在标题中既突出历史的厚重感，又具有一定文学色彩，能够与其他媒体报道有所不同。

在广大受众已经了解"三千孤儿入内蒙"是一段民族团结故事的前提下，作这样的标题处理，寓意在经历风雨的年代里，民族团结一直在草原滋养，今后草原民族团结的故事仍将无阻向前。

当然这种文学化标题的处理是否合适，读者心中会有不同的考量。如果是日常新闻报道，相信这篇稿件经过打磨会更加出色。

地方新闻特质中的"北",你找到了吗?[1]

小牛敲黑板

中新社记者王琳以独特的视角和幽默的笔触,为东北这片土地"带盐"。她的出镜"仙气飘飘",文字却让人忍俊不禁。在黑龙江的风雪里,她不仅捕捉到了自然的壮美,更深入挖掘了当地人的生活点滴和时代故事。无论是段子式新闻还是故事式报道,王琳都巧妙地运用了"天时""地利"和"人和",为我们呈现了一个既真实又有趣的东北。

以冰为城,以雪为乡,我是南方样貌的北方姑娘。黑龙江位于中国最北,今儿咱们就唠实在嗑儿。

---

[1] 作者:王琳,中新社黑龙江分社记者。

如何在地方新闻特质中"找到北"

01 抢抓"天时"、刻画人物，段子式新闻有点甜

新闻要与时间赛跑，新闻人是时代的记录者。这是一个"看天吃饭"的行当，这里的"天"可以指自然气候，也可以指时代背景，它们是新闻作品的鲜明烙印。

冬季寒冷多冰雪，是黑龙江的气候特质。如何在写法上，让这种气质更出挑呢？东北妹子，先讲段子。

2020年11月19日，黑龙江连发36条暴雪预警，新闻也要借这阵"天时"的东风。气象是表层，深层是自然环境孕育了东北人幽默豪爽的个性、苦中作乐的智慧。

比如，我们在雪天外出得撞门，因为门冻得"当当的"。早上5点出门采访，我用80斤的体格撞开大门，一脚踩出去雪没到小腿。

一对小夫妻正在雪海里"挖车"，形象展现了"东北名言"："家有爷们儿好处多，大雪过后能挖车。"

面对大雪，不同地域的人有什么不同反应？

打开朋友圈，原本粗线条的东北人变文艺了，用镜头捕捉雪中美景，再配上一句："窗外飞雪白，相思格外红。"

走到街头巷尾，婉约派的南方人变狂热了，随便找个雪窝子，"我把你埋上，你把我埋上"，俩人就能玩一天。

将这些生动的见闻一连串写到新闻里，形成了两篇段子式报道：《黑龙江：雪下得那么深，下得那么认真》《36条暴雪预警后 黑龙江冻出"冷"幽默》。

环境是皮人是骨，凸显不同的性格、有差异的言行，就是通过刻画人物，激活地方新闻特质

中新网总编辑吴庆才的业务讲析，可借以共勉：通稿不一定正襟危坐"严肃脸"，真正有中新风格的通稿都是很好的新媒体稿。中新风格具备的"短快活新灵"也是新媒体特色，两者的最大公约数，一是遵循新闻规律；二是努力让作品具有"阅读的舒适度"。

02 深耕"地利"、描写风情，故事式新闻热辣辣

黑龙江占据寒地黑土的"地利"，维护粮食安全是关涉国计民生的头等大事。

农业报道应该是时代脉搏与地方担当的同频共振。

兵法云："兵马未动，粮草先行。"

黑龙江作为"粮草先行官"，要担当什么重任、如何完成使命？

在全国两会时，我们发布的《决胜之战粮草先行，黑龙江护航中国粮食安全"压舱有石"》一文，答了疑问、安了民心。

深耕"地利"，跳出"地域"，站在中国看黑龙江，站在世界看中国

这也符合"中国立场，国际视角"的央媒站位。

谚语说"一山有四季，十里不同天"，讲的是在一座山的不同位置，可以看到不同季节的景色。

同时不同地，和同地不同时，都会风光迥异。写好新闻，先讲故事。

我们常说，边境无小事，事事连两国。

一位在中国边城黑河生活的朋友讲：当地一个普通游泳馆，就是反映俄罗斯经济状况的晴雨表。为什么这么说？

卢布增值的时候，俄罗斯妇女过境来游玩，游泳馆是她们很喜欢的地方。

等到卢布贬值的时候，俄罗斯妇女从馆里撤出来，黑河妇女回来了！

如果在做卢布汇率波动的报道时，引用这家游泳馆的俄罗斯游客接待量增减，新闻就有了接近性、趣味性。

类似许多特有的、鲜活的现象，就是地利因素滋养出的"地方风情"，可以为作品增添无穷的魅力。

比如中国对俄边城绥芬河，市民或多或少都会俄语，商埠的牌匾是中俄双语，连交易结算都是能用卢布的。

所以可说，这是一座"会说俄语"的城市，这一拟人修辞由社会现象得来，也体现了对俄合作的城市功能。

03　构建"人和"、通力合作，跨界式新闻味道浓

新闻因人物而生动，记者既要与人交手、广结人脉，也要倾听人心、洞悉人世。"人和"，是影响作品的潜在因素。

在信息爆炸的年代，没有那么多独家，各家媒体在协作中各显神通；在媒介融合的年代，单打独斗不吃香，各位记者在合作中闯关过卡

与前方后方的并肩作战，与采访对象的真诚交流，令一篇篇新闻报道充满了人情味，也获得了更多人的鼓励与尊重。

许多报道中，我感受到媒体之间的协作意识，更感受到同事之间的合

央媒实操课：好报道都有迹可循

作力量。

媒体人，要有大局观念，也要有各自风采。

在产业融合、媒介融合的浪潮中，我们要形成合力，创作出更全面深入的报道。

我们要突破自我的限制，成为一专多能的全能型记者，以图、文、视全媒体形式呈现真相。

记者是城市的眼睛，看它所看到的；也是城市的耳朵，听它所听到的；还是城市的嘴巴，说它想说的话

我们要运用全部感官，以事实为依据创造具有可读性的作品。

天时、地利、人和这仨词儿看似挺玄，其实就是新闻5W中的when、where、who。

但只有将基本要素写全、榨干、吃透，才是真的占天时、居地利、揽人和。

这就是地方新闻特质中的"北"，你找到了吗？

06

新媒体需要怎样讲故事

"国际视角+亲和力"，把垂类做到极致[1]

小牛敲黑板

中新社视频号成功打造出多个爆款内容，粉丝数已突破900万。其秘诀在于坚守新闻专业性和亲和力，同时勇于创新，精准捕捉受众兴趣点。通过明确的定位和高质量的内容，中新社视频号在新媒体时代走出了一条独具特色的创新路径。

2022年杭州亚运会上，乒乓球运动员王楚钦用一句话成为网友心中的新晋"国乒喜剧人"。

乒乓球男团1/4赛后媒体采访，马龙答完，在场记者要求王楚钦也说两句，王楚钦抬头愣了两秒，回答了一句"跟龙哥一样"，便匆匆离场。

这有趣的一幕被中新社视频号敏锐捕捉到，定格王楚钦被采时的懵懂表情，配文"不是喊龙哥吗，怎么还有我的事儿"，让原本常规的赛后采访，喜剧效果拉满。

这条只有23秒，标题为"果然人均喜剧人！马龙谈晋级感想后，王

---

[1] 内容来源："微信视频号创造营"微信公众号。

楚钦：'跟龙哥一样。'"的短视频收获了1.3万个赞，播放量超2000万次，是中新社视频号诸多爆款中的一个。

2023年10月，中新社视频号粉丝数突破400万大关，爆款迭出的成绩与持续增长的粉丝数，刻下了主流媒体在新媒体时代的新里程碑。

01 盲目跟风就是死路一条

在当下以视觉传播为主的时代，视频是中新社重点发展的方向之一。依托遍布国内外的采集网络，中新社每日生产上百条原创视频产品，针对视频号等新媒体平台生产的定制化内容更贴近受众，发挥了主流媒体的传播价值。

在中新社视频部副主任曾鼐的回忆里，团队走过最大的弯路，就是最开始对账号定位不明确。

在2021年年中组建了专门团队后，中新社视频号正式运营起来。在浩瀚的短视频洪流中，怎样才能做出影响力，一开始中新社视频号定位不是很清晰。

谁火了，就模仿一下。今天娱乐新闻火，就做娱乐；明天社会新闻火，就做社会。追着热点跑，看似离流量很近，实际上却在盲目追逐中离自己擅长的东西越来越远，很难做出有影响力的内容，传播效果不理想，涨粉更无从谈起。

初期的尝试让曾鼐得到极为珍贵的教训：盲目跟风就是死路一条。杀出重围，必须明确定位，回归原点，"国际视角+亲和力"被中新社视频号定为发展方向。

准确和快速是新闻的生命，时政新闻更是如此。对新闻专业性的坚守和高标准的执行，奠定了中新社视频号高质量内容的底色。

党的二十大期间，为了保证又快又准又好地把会议信息及时传递出来，中新社视频号团队对党的二十大期间的重要程序议题均提前准备了素材库，每一个发出来的视频背后都有将近30个备选方案，所有新闻都经过三审三校——审校的不仅是视频内容本身，更细化到了视频号封面、话题词等。

以党的二十大期间各省代表金句系列视频为例，画面和文字看似简单，金句如何摘取、表现等其实极为考验专业能力。得益于背后强大的内容策划能力支撑，这些视频最终在传播量和口碑上都得到了很好的结果——党的二十大期间，中新社视频号3条短视频稿件播放量超5000万次，30多条视频稿件播放量超过千万次。

中新社视频号在党的二十大报道上的成功，就是把新闻优势发挥到极致的代表。

在组织架构上，中新社的签稿人制度更为视频号内容的专业性保驾护航。

中新社视频号是隶属于视频部的独立新媒体团队，沿袭了签稿人制度，所有稿件只有签稿人签发后才能发布。签稿人的决策既能从专业层面把控内容质量和风险，同时作为社内的信息传递中枢，又能保证中新社一线的素材快速传回视频编辑团队。

依托中新社整体的原创能力，得益于全社各部门的协作，中新社视频号从组织层面、意识层面到执行层面，锻造了极为专业的内容内核。

曾鼐分享："新媒体平台讲究垂类，把垂类做到极致，就能成为头部。新闻账号把专业性做到一定程度，效果一定会好。部分媒体人认为新媒体是在打击行业，在我看来，新媒体其实是对新闻专业性的考验，优秀的媒体人不应该惧怕新媒体，它是检验更是激励。"

02 新媒体最怕无功无过的平庸产品

在专业要求上，中新社视频号一直十分严格，对错字、错误标点符号零容忍，而恪守专业主义的同时，团队也给创意和创新留足了空间。

编辑团队天马行空的脑洞只要有理有效，一定会得到支持；更为资深的签稿人所提出的创意如果陈腐，一样会被否决。团队以新媒体时代的传播规律为判断依据，而非经验主义和条条框框。

尊重传播规律，需要回归到产品上来。

竖屏构图和短视频完全打破了横屏构图和长视频的画面剪辑逻辑，新媒体可能用5个镜头就得讲清楚一个故事，镜头组接的逻辑变了，但是画面叙事的核心不变。因此，在视频号上，即便缺乏画面素材，一张新闻海报、一个可视化程度很高的文字版，都可以做出非常好的传播效果。

上文提到的王楚钦爆款视频，便是在这样的理念下诞生的。

"马龙等人接受采访，素材是很平淡无奇的，但是编辑在剪辑上下了非常大功夫，挖出来有意思的互动瞬间，加了有意思的剪辑和小特效，这个东西马上不一样了。这种有创意的二手剪辑，传播效果很好。"

对传播规律的尊重体现在方方面面，比如统一设计了封面字体，改了几十版，颜色从最初的灰色、黄色混着用到确定为深蓝色，与中新社logo颜色一致；视频里的花字用什么特效、什么字体、什么字符也在多轮尝试后确定规范……一个一个细节抠下来，沉淀成70多页的发稿手册。

这些看上去极为琐碎的细节，被中新社视频号一丝不苟地执行着。新媒体是细节决定成败，因为细节直接影响用户的观感体验。

在曾鼐看来，新媒体最怕无功无过的平庸产品，必须有好的想法、好的创意、好的思考，才能做出爆款，做出成绩。

对内容的极致追求为中新社视频号提供了十足的发展后劲。

2022年上半年，中新社视频号达到了第一个百万粉丝目标，当年年底第二个百万也达成。2025年，中新社视频号涨粉速度不减，4月粉丝数突破900万大关，增长仍在继续。

03 墨守成规意味着一败涂地

"一处水源供全球"是许多内容生产者的惯用模式，但在中新社视频号团队看来，这反而是传统媒体特别容易走入的误区。因为新媒体时代平台不同、受众不同，只有针对平台特点做出自己的特色，才能建立品牌影响力。

中新社视频号团队认为，视频号具有强社交属性，用户黏性高，内容容易形成病毒式扩散，到了一定数量级后，传播范围就会越来越广。因此，做视频号时要先明确目的，是要涨粉还是要增加传播量？基于不同的目的，匹配不同的内容和运营选择。

针对视频号能转发到朋友圈、微信群的特点，中新社视频号十分注重封面版式设计。

在实际工作中，中新社视频号团队还发现，做新媒体必须改掉重制作轻运营的传统观念。

"我们新媒体团队最开始没有分工，精力都在制作上，但在新媒体，片子做完只是开始，后面还有设定话题词、做数据监控等配套运营动作。发现这个短板后，我们细化了岗位，专门增加了运营岗，运营、制作分开，这样做以后能明显看到数据涨得非常快。"曾鼐介绍。

针对短视频的爆款价值，中新社视频号团队的绩效考核也打破原有模式，更多依据传播效果对编辑进行奖励，从源头调动团队热情。

类似的组织层面革新，还表现在团队建设上。

在文字时代，一个人就能产出特别好的文字作品，但在视频时代，靠单打独斗很难持续产出优质内容，因此新媒体团队的文化建设很重要。中新社视频号团队坚持每周必须有线下复盘会及相关的培训，以保持团队的学习氛围和活力。

这些打破传统媒体思维定式的探索，是解码中新社视频号如何取得如今成绩的线索，而敢于尝试和创新，正是中新社视频号的真正秘诀。

恰如曾萧所言："在专业化的基础上，在新媒体这个时代必须去创新突破，因为墨守成规基本就意味着一败涂地。"

接近核心要素！体验式报道也能10万+！[1]

小牛敲黑板

体验式报道如何吸引读者？《中国新闻周刊》通过《我和我的一天》《我和我们的乡村》两季报道，成功创造了多篇10万+的佳绩。小牛请该刊记者孟倩分享，如何让读者"感同身受"，传递更真实、客观且充满情感的故事。让我们来感受体验式报道的独特魅力吧。

在新闻日益碎片化的今天，作为媒体从业人员，如何传递出真实可靠、客观权威的声音，是一大挑战。与此同时，如何让读者更容易理解和接受内容，是更大的挑战。

01 接近核心要素、掌握实情

常言道，读懂了乡村，就读懂了中国。那么如何读懂乡村？

---

[1] 作者：孟倩，《中国新闻周刊》记者。

20世纪80年代，农村经济改革从乡镇企业开始。在发展过程中，一批"厂一代"下海，以个体经济为主、以家庭工业为主的乡镇企业经营模式逐步普及。40多年过去了，他们到了退休年纪，"厂二代"要不要接班、如何接班备受关注。这种大规模的代际转变在中国私营经济领域还是首次发生。

成长在良好环境、普遍接受过高等教育，"厂二代"也面临着更加复杂的经济环境：互联网浪潮滚滚而来，国内人口红利逐步消失等多种因素叠加。特别是新冠疫情更是给实业带来巨大挑战，有声音提到"制造业的黄金时代已经过去了"。

不少工厂面临发展停滞的问题。随着时代的变迁和商业模式的演进，这些家族企业正面临着巨大的挑战，比如数字化挑战。选择接班的"厂二代"能否提升理念、跟上步伐？

慈溪是全国三大家电生产基地之一，在距离市中心10多公里的庵东镇上，20年前就有涉及机械电器、针棉织品、塑料电子等行业的近千家企业，面向东南亚、欧美等国家和地区销售产品。

我把报道对象锁定在了当地一家个护小家电工厂。这家工厂20多年前进入制造业，以吹风机等个护小家电和空气炸锅等家用电器的生产和销售为主业，每年大约有六成订单来自海外，主要是美国、欧洲、中东和非洲等国家和地区。

在大兴调研之风的当下，接近核心现场和核心的人，真正掌握实情，是重中之重。

02 转换角色、挖掘细节

这家工厂的"厂二代"老板告诉我，镇上大大小小十多家年产值过亿的工厂,没听说过哪个老板有秘书。这次为我专设了秘书的职位,便于观察乡村企业的发展和变化。

事实上,体验式报道的精髓就在于转换角色,挖掘细节。

在当秘书的时间里,我跟着老板开了三个会议,采购周会、电商周会和工作质量大会;见了三拨客户,分别来自中国香港地区、澳大利亚和美国。从表面上看,工厂的管理模式并不复杂,在老板的带领下,很多事情只需要开个会、见个面就能处理。

但实际上并没有这么简单。在我的观察中,这家乡镇企业正从"非现代化"迈向"现代化"。"厂一代"经营工厂20多年,有自己的一套"经验之谈",这套经验是长期实践、口耳相传的积累。也就是说,"厂二代"想要轻易改变生产管理模式,并非易事。

当我问到和父辈管理工厂最大的不同在哪里时,"厂二代"告诉我,是数据思维的应用。这意味着每做一个决策,都要有数据来支撑。

举例而言,以前工厂要开掉一个员工,靠主管来和老板说明情况,老板可能在没有弄清楚真实情况的情形下就同意了。如今则要拿出数据,证明该员工确实在工作中干得不行才能辞退。

03 不作预设、保持开放

乡村全面振兴是一个宏大课题。当下,越来越多的社会力量参与到乡村全面振兴中,带来了新的技术和业态,也带来了新的变化和挑战。如何展现进一步巩固脱贫成果、推进乡村全面振兴的实践,这需要通过记者亲身体验和调研,为读者呈现更多真实的故事。

实际上,这家工厂在国内做生意也颇有故事。一直以来工厂一半以上的生意来自海外客户，但是在2020年初，海外的订单并不流畅。刚好国内的宅经济发展起来，空气炸锅突然大火。

有一次，一个在头部网红直播间销售的小家电产品厂家找他们代工空气炸锅，本来下了三万单，结果一晚上卖了六万单。"爆单了"，翻倍的销量令他们既惊喜又发愁。"一时半会儿去哪里生产更多的产品，只好慢慢生产，三个月才发完货。"

这次的经历让父辈一代意识到，也许到了一个"再创业"的好时机。于是，"厂一代"在距离原工厂几公里外的新园区内拿下了12万平方米的厂房，准备在空气炸锅领域大干一番。这个新园区就是为了振兴当地经济新建的工业重地。

只有小学文化的"厂一代"，仍选择在68岁时再创业，生产新的家电品类，而不是颐养天年，这些情况让我很意外。

由此，一篇鲜活的报道也就浮现于眼前。我意识到，在体验式报道中，千万不要预设你所看到听到的内容，更不要被这种预设束缚住自己的观察和判断。唯有怀着一颗开放的心，查找和发现想象与实践的差距，才能一步步接近实情，向读者讲述真正的故事。

如何在平淡中寻找"热辣滚烫"？[1]

小牛敲黑板

"甘肃天水麻辣烫"意外走红网络，引发热议。从麻辣烫的火爆到城市的宣传，这不仅是美食的胜利，更是媒体敏锐捕捉与深度报道的范例。本文回顾了此次报道的经过，探讨了如何在日常中发现"热辣滚烫"的新闻点，并强调记者需紧盯地域特色、保持好奇心，以专业精神和深度挖掘，为读者呈现更多精彩纷呈的报道。

怎么！就！火了呢？

中华人文始祖伏羲故里甘肃天水，突然爆火不奇怪，奇怪的是，为啥是因为"麻辣烫"火了？

"天水麻辣烫"爆火全网半月有余，和前往现场采访的同事聊及此事，作为甘肃人的她仍有些蒙："怎么就火成这样啦？"

爆火，真是一门玄学。且不论为何火，哪里火了，作为媒体记者的我们，首先得考虑如何接住"这团火"。

---

[1] 作者：丁思，中新社甘肃分社采编中心主任。

01 如何接住热乎乎的"麻辣烫"？

全国两会期间，"天水麻辣烫"就在网上有爆火的端倪，同城媒体同行们开启了"探店"模式，用Vlog的形式向全网介绍独一份的天水麻辣烫。几天之后，"宠粉升级"的甘肃天水，因一碗麻辣烫成为全网最亮的那颗星，分社记者组成了前后方报道团队。

（1）赶赴现场，火爆程度超想象。2024年3月14日，"90后"记者闫姣等一行4人早上7点多就从兰州家中出发，坐着动车前往甘肃天水。虽已在网络上看过人潮涌动的视频，抵达现场后的同事们，仍被排队5个多小时热情的食客所震撼。

在现场，分社记者发出《甘肃天水开启麻辣烫"狂欢周"热闹程度胜过年》《天水麻辣烫：红油辣子是灵魂 游客千里奔赴》等图文视频稿件，并完成直播《味蕾中国 | 被天水麻辣烫香翻了？我们替你安排上！》。

结束在天水4天的采访，分社记者始终都没有吃到当地最火爆的天水四合院里的麻辣烫。因为，真的太火爆啦！

（2）追根溯源，努力找寻差异性。天水麻辣烫爆火后，铺天盖地的新闻接踵而来。如何在海量的信息中，找寻中新社的"独一份"？这与记者的敏锐观察力和深入采访分不开。

《甘肃天水开启麻辣烫"狂欢周"热闹程度胜过年》这一条稿件，便是借着麻辣烫"吃货节"的举办为由头，综合现场观察而成，被百余家媒体转载，凸显了"狂欢"的氛围。

在找寻差异性方面，我们更侧重追根溯源，从源头找寻天水麻辣烫的成功秘诀。摄影记者前往天水甘谷县，拍摄走红的辣椒和花椒，获得社会高度关注。

（3）前后配合，延续"麻辣烫"余温。一碗麻辣烫带火了一座城，围绕天水可以去操作的，不仅只有这一碗麻辣烫。除了前方记者带来的"新鲜食材"，后方也要做好外围采访延续余温。

我们发出的稿件《一碗甘肃麻辣烫，盛得下多少"出乎意料"？》，从多方渠道向外界介绍天水，满足读者的阅读需求。

复盘此次报道，我们需要学习和总结的仍有很多。前方报道任务分解消化不够及时、直播人太多信号时断时续、缺乏综合厚重分析类稿件等，都需要我们进一步思考，且悟且行且进步。

02 如何在平淡日常中找寻"热辣滚烫"？

作为一名身处中国西北的记者，能够遇上如此"滚烫"之事，可谓是"泼天的富贵"。

然而，这样的"富贵"可遇不可求，我们更需要修炼的，是在平淡日常中找寻"热辣滚烫"的功夫。

（1）紧盯"地域大熊猫"，做行业领域专家。敦煌、文博、考古、丝路、黄河等关键词，是甘肃的"地域大熊猫"，是讲好中国故事的重要题材。

跟这些词汇相关的事件、人物，抑或是在这些地方发生的事件，都是"热气腾腾"的新闻。

以敦煌为例，今年初，载着网红博主"B太"游敦煌的敦煌出租车大姐何玉秀走红网络，她只是热忱西北人中平常的一位，却是外界了解和认识敦煌的一扇窗。

我们约访了何大姐，采访了她的出租车同事们，完成了这一篇故事

06　新媒体需要怎样讲故事

《敦煌印象：不只有莫高窟，还有热辣滚烫"何大姐"》。

常言道记者是"杂家"，什么都要略知一二，但精通深究某一领域、做行业内的专家才是当下媒体时代更为迫切的需求。

我写过很多热乎乎的台商小故事，对年青一代台商的观念尤为关注。

在一次省台办举行的例行活动中，从年轻台商的发言中嗅出了新闻的味道，会后抓住采访，发出稿件《台商欲突破"小确幸"氛围　盼"向西转型"落地生根》。

在自己熟悉、擅长的领域，将热爱发挥到极致，成为该领域的专家，这样才能够运用专业知识，让新闻作品有更深层次的表达。

（2）保持一颗好奇心，"十万个为什么"常问常新。记者做久了，很容易陷入惯性思维和固有的写稿套路。如何激发采访的创作欲？如何写出新鲜热乎的文字？唯有保持对这个世界的敏感、好奇和探索欲。

记者都有颗"八卦"的心。一方面，记者需要广泛收集信息源；另一方面，刨根儿问底儿、追根溯源，也应该是一名记者保持客观报道的内驱力。面对一件事情的发生，不是有闻必录，而更应该思考：它为什么在这个地方发生？为什么会这样发展？是哪些人在其中起到什么作用呢？

我身边的年轻人为啥也喜欢去社区食堂？带着这样的好奇，我和同事采访发出稿件《（神州写真）从"老龄"到"全龄"，社区食堂拓展社交新空间》，获得很好的传播效果。

敦煌旅拍为何这么火？那就去拍一套。我的同事不仅体验式拍摄了敦煌写真，还发出稿件《敦煌舞"出圈"徜徉沙海"飞天旅拍"成丝路游"新宠"》。

十万个为什么，常问常新，常写常新。

（3）打破刻板印象，另辟蹊径挖掘"出乎意料"。甘肃竟然也是花成海？甘肃竟然还有大江大河？甘肃竟然还是中国芯片大省、民谣乐队的乐土、中国"菜篮子"产品重要供应区之一……

央媒实操课： 好报道都有迹可循

从古至今，大漠、戈壁、边塞、骆驼、干旱成为外界对于甘肃的刻板印象。近年来，中新社甘肃分社另辟蹊径力求差异化报道，挖掘推介甘肃不为人知的另一面，写出新意。

《甘肃有杏：本是同根属，何以俏销他乡》《武侠剧中的忘忧草，开遍了甘肃庆阳黄土塬的房前屋后》等稿件，介绍了甘肃丰富多彩、口感丰富的美食。《甘肃铜奔马爆款文创"一马难求"：活了文物，火了博物馆》，介绍了甘肃深厚的千年文化。

（4）保持学习节奏，怀有同理心。新闻，首要强调"新"，即新意，是新鲜，是以前没有的。

如今，层出不穷的新技术，以及不同层次读者的多样化需求，给媒体人的创新意识带来了前所未有的挑战。

唯有迎风而上，保持学习的节奏，主动拥抱新技术，熟练掌握运用相关技术，提升讲故事的综合能力。另外，记者要始终怀有体悟人间悲喜的同理心，尽可能去理解采访对象的感受、思想和行动，换位思考。

非常幸运，记者这份职业让我透过多个视角，接触和了解这个时代的更多切面，进而发现平淡日常中隐秘的"热辣滚烫"。

四大"板斧"带你拍出视频爆款![1]

小牛敲黑板

视频新闻的发展日益迅猛，新闻视频化逐渐成为各大媒体努力的方向。许多文字记者、摄影记者纷纷举起手机，开始拍摄视频。文字记者们的消息更灵通，摄影记者们拍摄的画面更精美，在这种情况下，专职的视频记者们还能做些什么？我们要如何提升自己的业务能力呢？小牛总结了视频记者的四大"板斧"。

01 啥新闻适合做视频？要分得清楚！

几乎所有的新闻都可以通过视频的方式呈现，但并不是所有新闻的最优载体都是视频。适合视频呈现的新闻，最简单粗暴的概括就是"有画面"，但作为专业的视频记者，就不能这样简单地思考问题啦。视频新闻

---

[1] 作者：温孟馨，中新社香港分社记者。

的选题有自己的特点，需要我们不断地去深入研究探索……

首先，视频记者要对视频形式的优势有深刻的理解。视频形式最大的优势便在于"现场感"，画面、声音甚至记者的出镜，能够多方面地给予受众感官体验。因此，越是需要"现场感"的选题，越是视频新闻的好选题；越是民众难以到达的现场，越是视频记者需要去突破、去到达、去报道的现场。

其次，视频在情感的表达方面，也有着独特的优势。当采访对象出现在镜头前，动情地讲述自己的故事，其神态、语气甚至泪水让受众产生的共情，是任何辞藻华丽的转述描写都无法表达的！所以，视频也很适合做人物专访，只是在采访中更追求"以情动人"。

此外，也可通过片子讲故事，通过故事引起共鸣。

最后，对于视频来说，小切口、趣味性、故事性往往会带来更好的观看体验。比如搞笑街采、美食美景、趣味科普。

02 视频有多少种形式？咱都得会用！

对于如今新媒体潮流下的视频记者来说，仅仅会做视频新闻通稿是不够的。Vlog、微专题、短视频、网络短片、MV……咱们都得用起来！

相比传统通稿形式，新的视频形式如果要传达同样的信息量，往往更复杂、做起来更慢。因此通稿还是最常见的一种形式。但对于一些时效相对宽松的软性新闻，我们是不是应该多问自己一句：这条片子是否有别的呈现形式？

比如，Vlog是近年中新社视频部大力倡导的视频形式之一，它富有"网感"，比较活泼，记者能在Vlog中有所设计、有所表演，甚至可以通过形式上的包装为报道内容增色添彩。

Vlog必备的要素便是记者出镜，这对于增强报道的现场感、体验感大有帮助。因此，一些体验类的报道，用这一形式呈现将有更好的效果。

此外，视频记者也应自己开发新的视频形式，通过观看大量B站等视频平台的优质内容，记者可以自己在形式上有所设计，做出一些适合网络传播的短片。视频新闻有无限的可能性，它的表现形式还有很多，需要视频记者们不断思考和实践。

03 视频采访"跟着文字就行"？ No!

无论是对哪一种记者，采访都是"硬功夫"。视频采访和文字稿件采访其实存在许多不同，因此作为专业的视频记者，最忌"依赖"文字记者，投机取巧地将文字记者的采访全程拍下完事。

关于视频采访与文字采访最大的不同，视频部赵安源老师在培训中其实已经教给我们了：一是"烟火气"，二是"细节"。

与文字报道的理性、克制不同，视频报道最需要"接地气"，要展现出"烟火气"，然而视频采访却恰恰因为镜头的存在，最容易让采访对象"正襟危坐"，不仅没有"烟火气"，可能连表达都无法自然。所以视频采访的第一重功夫，就是要让采访对象放松。

视频记者在工作中应该是个"自来熟"，会打趣、会逗乐，有幽默感、有亲切感，这才能让采访对象在镜头前恢复自然的状态。而且采访中，还要注意尽可能不打断采访对象，让采访对象"说个痛快"，他的情绪才会连贯，最终在镜头前表现自然。

视频新闻的采访还要更注重细节。一些细枝末节的内容，对视频来说可能会很生动。赵安源老师在培训中举了一个例子：他在采访邓稼先后人时，曾补充提问对方小时候有没有被邓稼先打过，这个细节一下打开了对方的话匣子，也使得最终的视频呈现更加生动。

04 作为视频记者，咱总得会拍吧！

其实，即使是专职的视频记者，大多也没有很丰富的摄影摄像经验，在工作中，我们也要边干边学，多向摄像老师、摄影记者请教，提高摄像、剪辑能力。各种剪辑软件咱都得熟悉，各种摄像设备咱都得会使，各种技术参数咱都得大致了解一点。

另外，由于视频后期制作周期较长，视频记者不仅得会拍会剪，还得拍得快、剪得快。在短消息报道中，视频新闻的出稿速度天然比不过文字、图片，如果视频记者不够专业，工作效率还低，最终不仅新闻时效性大打折扣，记者个人的工作时间也会无谓地延长。

在融媒体时代，每个记者都在拍视频，但这并不意味着视频记者可以放松对自己的要求。正相反，视频记者应当更加注重提升自己的专业技能，备好几把"板斧"，深入钻研业务，制作出更加优质、更加创新的视频新闻。

记者vs大模型，谁是"笔杆子"？[①]

小牛敲黑板

最近国内的人工智能大模型是越来越火了，相信你也和小牛一样好奇，人工智能大模型在写新闻稿方面的表现怎么样。

哪家人工智能大模型在写新闻稿方面略胜一筹？AI究竟能不能取代真人记者？今天让我们来一场"小比赛"！

小牛对四家人工智能大模型（DeepSeek、豆包、文心一言和Kimi）下达了同样的指令——让它们以"春节期间中国经济的年味"为题写一段观察，500字左右。

不出意料，小牛仅花了五分钟就得到了四篇新闻稿！

[①] 作者：小牛工作室。

央媒实操课： 好报道都有迹可循

春节期间中国经济的"年味"：消费活力与理性并存

2025年春节假期落下帷幕，中国消费市场展现出"冰火两重天"的图景：一方面，文旅、电影等领域的消费数据屡创新高，非遗民俗与政策红利共同烘托出浓厚的"年味"；另一方面，消费降级趋势持续，普通家庭在理性选择中折射出经济压力的隐忧。

非遗文旅：传统与现代交织的消费热潮

作为申遗成功后的首个春节，"非遗"元素成为文旅市场的核心亮点。北京庙会、潮汕英歌舞、闽南游神等民俗活动吸引大量游客，相关景点搜索热度同比上涨87%①⑪。文旅部数据显示，春节国内出游人次达5.01亿，同比增长5.9%，旅游收入6770亿元，同比增长7%④⑤。入境游订单更是同比增长203%，外国游客通过签证便利政策来华体验"中国年"，银联跨境支付交易额增长94%①⑦。

电影市场：票房破纪录与文化自信

电影消费成为春节经济的重要引擎。春节档票房达95.10亿元，观影人次1.87亿，创历史新高。《哪吒之魔童闹海》以57.76亿元票房登顶中国影史冠军，凸显国产动画的崛起与文化消费潜力④⑧。政策补贴（如多地发放超6亿元观影券）与低价票策略（部分场次19.9元）有效拉动观影需求，但也引发对数据"虚火"的讨论④。

政策驱动下的消费升级与降级博弈

以旧换新政策首次覆盖数码产品，显著刺激消费。京东数据显示，手机销量环比增长200%，湖北某实体店的补贴智能手表首日售罄①⑪。然而，消费分级趋势明显：高端白酒销量下滑10%-20%，餐饮客单价下降5.3%，民航票价同比下跌16%，年轻群体转向"平替年货"和短途低价游④。这种矛盾既体现了政策对消费的提振作用，也反映出居民在经济不确定性下的谨慎心态。

经济韧性与隐忧并存

春节消费的繁荣离不开政策支持与市场创新，如非遗文旅融合、低价票策略、消费补贴等。然而，数据的分化揭示深层次问题：消费升级与降级并存，既展现了内需潜力（如电影、旅游），也暴露了居民收入增长乏力与信心不足的挑战。正如第三方机构数据显示，春节消费的"热"更多集中于政策驱动的领域，而日常消费的"冷"则指向结构性压力④⑤。

总体而言，2025年春节的"年味"不仅是传统文化的回归，更是中国经济韧性的缩影。如何在提振消费信心的同时，推动收入分配改革与产业升级，将是未来政策的关键命题。

DeepSeek依据所给指令写出的新闻稿

春节期间中国经济的年味

春节，这个承载着中华民族深厚文化底蕴的传统佳节，不仅是阖家团圆的温馨时刻，更是中国经济活力的生动展现。

走进商场，喜庆的氛围扑面而来，各类年货琳琅满目。大红灯笼高高挂起，春联、福字摆满货架，人们穿梭其中，精心挑选着心仪的年货。从食品到服饰，从家电到数码产品，消费热情高涨。据相关数据显示，春节期间，全国零售和餐饮企业销售额同比增长显著。超市里，坚果、糖果等年货礼盒供不应求，人们为新年储备着甜蜜与喜悦；服装店内，新款的唐装、羽绒服备受青睐，为新年增添一份新衣的仪式感。

旅游市场同样火热。春节期间，热门旅游景点人潮涌动，既有全家老小一同出游的温馨场景，也有年轻人结伴出行的活力身影。冰雪旅游、民俗文化游成为热门选择。北方的滑雪场，游客们在雪道上飞驰，享受着冬日的激情；南方的古镇，人们漫步在古街，感受着传统民俗的魅力。旅游市场的火爆，带动了酒店、餐饮、交通等相关产业的发展，为经济增长注入强劲动力。

线上消费也不甘示弱。电商平台推出的春节促销活动，吸引了大量消费者。从年夜饭半成品到特色年货，一键下单，便捷送达。快递小哥穿梭在大街小巷，将一份份新春的祝福与商品及时送到消费者手中。

春节期间，中国经济的年味愈发浓郁，消费市场的繁荣、旅游出行的火热、线上线下的协同发展，共同勾勒出一幅生机勃勃的经济图景，也为新一年的经济发展奏响了激昂的序曲。

+ 撰写任何内容...

豆包依据所给指令写出的新闻稿

198

06　新媒体需要怎样讲故事

> **春节期间中国经济的年味**
>
> 春节期间，中国经济处处洋溢着浓厚的年味。从繁华的都市到宁静的乡村，每一个角落都充满了节日的喜庆与活力。
>
> 在商场和超市，琳琅满目的年货商品摆满了货架，从传统的烟花爆竹到现代的电子礼品，从各式各样的美食到精美的装饰品，消费者们纷纷选购，希望能将最好的祝福带回家中。商家们也是使出浑身解数，打折促销、满减活动层出不穷，一片繁忙而有序的景象。
>
> 与此同时，旅游市场也迎来了春节黄金周的高峰。无论是国内游还是出境游，人们都希望在假期里放松心情，与家人共度美好时光。各地的旅游景点人头攒动，酒店和民宿预订火爆，旅游业的发展为经济注入了新的活力。
>
> 春节期间，线上经济同样不甘示弱。电商平台推出的年货节、红包雨等活动吸引了大量消费者的参与，直播带货、短视频营销等新兴业态也在这个特殊的时刻大放异彩。数字经济与实体经济的深度融合，让中国经济的年味更加丰富多彩。
>
> 此外，春节期间的各种文化活动也如火如荼地进行着，庙会、舞龙舞狮、戏曲表演等传统项目深受欢迎，展现了中华文化的博大精深和独特魅力。这些活动不仅丰富了人们的节日生活，也促进了文化产业的发展。
>
> 春节是中国经济的一道亮丽风景线，它展现了中国人民对美好生活的向往和追求，也体现了中国经济的繁荣与活力。

文心一言依据所给指令写出的新闻稿

> **《春节期间中国经济的年味》**
>
> 春节期间，中国经济的脉搏跳动得格外有力，处处洋溢着浓厚的"年味"。
>
> 消费市场迎来了一年中的高峰。各大商场、超市人头攒动，年货区被围得水泄不通。从传统的糖果、坚果、腊味，到时尚的服饰、智能家电，琳琅满目的商品满足了人们多样化的消费需求。线上购物也异常火爆，电商平台的订单量激增，物流车穿梭不停，将一份份心意和年货送到千家万户。餐饮行业更是热闹非凡，年夜饭预订火爆，各大餐厅的包间早早被预订一空，人们围坐在一起，享受着美食与团圆的幸福时光，消费的热情不仅体现在物质层面，更传递出人们对生活的热爱和对未来的美好期待。
>
> 旅游市场也迎来了"开门红"。随着人们生活水平的提高，春节期间出游成为越来越多人的选择。无论是北方的冰雪世界，还是南方的温暖海滩，都迎来了大批游客。景区里张灯结彩，充满节日氛围，旅游消费的火爆带动了交通、住宿、餐饮等相关产业的协同发展，为经济增长注入了强劲动力。
>
> 春节期间，中国经济的活力不仅体现在消费和旅游的繁荣上，更体现在人们对生活的热爱和对未来的信心上。这股"年味"是经济活力的体现，也是中国经济持续向好的有力见证。

Kimi依据所给指令写出的新闻稿

01　四大模型的"比稿大赛"

整体看来，四家人工智能大模型生成的新闻稿思路较为清晰，体现出

199

如下共同点：

01　行文结构相似

四家人工智能大模型都提到了线下消费市场、文旅消费和线上消费新业态，也都采用了"总分总"结构，体现了人工智能大模型在行文思路上的相似之处。

02　语言理解深度不足

这里的"年味"应指春节前消费市场的需求旺盛，使得中国经济不仅有着节庆意义上的"年味"，也有着繁荣意义上的"年味"。

但四家大模型对此都并未作出解释，仅有"kimi"为"年味"加上了引号，这也体现出人工智能大模型在理解语言背后深层含义方面仍有提升空间。

同时，四家人工智能大模型有着各自的优劣势：

1. DeepSeek

DeepSeek是唯一一家在观察中加入了数据的大模型，经小牛核查发现，这些数据包括2025年最新数据。

2. 豆包

豆包在段落衔接上最自然流畅，但部分叙述缺乏数据支撑，如文中提到"据相关数据显示"，但未指出是哪里的数据，也并未提供具体数据，这也使得部分表述变得空泛，如"超市里，坚果、糖果等年货礼盒供不应求"。

3. 文心一言

文心一言则大量使用了"琳琅满目""浑身解数""层出不穷""人头攒动""大放异彩"等四字词语。但如果逐句细读，就会发现其中部分表述存在前后不一致，比如开篇提到"从繁华的都市到宁静的乡村，每一个角落都充满了节日的喜庆与活力",但后文的观察都围绕都市展开,并未涉及乡村。

4. Kimi

Kimi的优点在于内容的全面性,比如它不仅提到了线上线下消费、文旅市场等其他大模型也提到的内容,还关注了餐饮行业。不过它在标点符号应用方面有待加强,部分标点使用有误,比如"享受着美食与团圆的幸福时光"后应为句号。

总体来说,四家人工智能写的新闻稿整体差距不大,都有新闻点不突出的问题,文章信息增量有限。

02 记者vs大模型,谁更胜一筹?

再来对比一下同一主题真人记者的新闻稿。

以中新社记者尹倩芸的《(经济观察)春节将至消费热 中国经济"年味"浓》为例,记者在导语就解释了标题中的"年味"也指"节前的消费市场人气足、需求旺",而且点出了2025年春节的特别之处在于,它是"申遗成功后的首个中国春节"。

·《(经济观察)春节将至消费热 中国经济"年味"浓》

文中,记者使用的都是经过核实的2025年最新数据,结合了春节申遗成功、免签政策红利充分释放、首次将手机等数码产品购新补贴纳入中央资金补贴支持范围的新闻，还引入了社交媒体上的网友发言和专业公司预测，使得论述更加全面、充分。

此外，记者的新闻稿每段文字较少，读起来简洁流畅，还设置了小标题，方便读者速览；同时文章图文并茂，图片则是记者拍摄的最新庙会实况，在生动之外也加强了说服力。

最后，记者所关注到的申遗成功对今年春节有何影响、春节档电影情况及开年民生政策等，都是关注度较高的社会话题，更大程度上回应了民众关切。

03 大模型如何成为记者的"最强辅助"？

当前人工智能大模型的发展迅速，具备了一定的写稿能力，但还不能完全取代真人记者：

1.记者能够结合当前现实情况，判断事实重要程度并排序，将最重要的事实提至标题、导语等显要位置进行突出；

2.记者拥有人类的共情能力，能够较好地预设读者可感的内容，并在稿件完成后进行阅读，根据阅读体验自行修改；

3.记者可能长期跟踪某个领域，对其中的情况更加了解，而这些经验是人工智能大模型的训练库并不具备的——人工智能的知识总集是互联网和用户投喂的已有信息，而记者在应用人工智能获取这些信息，调动自身经验之外，还能联系相关跑口部门的同事取经，从而为通稿在"减法"之余做"加法"，在必要时加入对相关新闻背景或专有名词的介绍，加强新闻的可读性。

对于记者而言，该如何利用好人工智能大模型，帮助自身提升工作效率和稿件质量？小牛为大家提供几点思路：

1.记者可以将已有选题输入给人工智能，让它帮忙评估选题优劣，提供思路；

2.记者可以利用人工智能检索关于某一话题的最新新闻，搜集、整合相关资料，作为报道的补充；

3.记者可以在成稿后用人工智能检查稿件语病、润色、修改内容的前后顺序、删减非重要内容等，加强稿件的流畅度和简洁度。

记者也应主动学习相关知识，一方面发扬记者自身相对于人工智能的优势，另一方面也可将人工智能作为必要时的补充手段之一。总之，一切都是为了写出好稿，服务读者！

对于此次"比稿大赛"，你认为谁更胜一筹？

微短剧如何接住"泼天的富贵"?[1]

小牛敲黑板

微短剧在近年来的爆发式发展中,逐渐暴露出的问题也不容忽视,多部违规低质微短剧被全网下架,引发行业关注。在监管政策趋严的背景下,微短剧如何接住"泼天的富贵",实现健康可持续发展,成为业界亟待解决的问题。本文深入探讨微短剧火爆背后的原因,剖析其内容问题,并提出高质量发展的路径。

01 微短剧易"上瘾"?

微短剧是"单集不超过10分钟的网络剧",其发展可追溯到2018年,以幽默、搞笑、反转为特点,逐渐吸引了网友的注意力。

《2023中国网络视听发展研究报告》显示,我国短视频用户规模已经

---

[1] 作者:尹珮瑶、魏园,中新社国际传播部记者。

达到10.12亿人，一半以上短视频用户看过3分钟以内的微短剧、微综艺等。

微短剧市场发展有多猛？

有数据显示，目前国内全平台付费短剧每日充值消费金额为6000万元，遇到节假日高峰档，峰值可以超过1亿元。中信建投的研报显示，微短剧行业正迎来爆发式发展，预计2023年市场规模将达到200亿元至300亿元。

"泼天的富贵"为何轮到了微短剧？

短小精悍，迎合观众心理

短小精悍又爽点密集，使微短剧成为年轻人的"电子榨菜"。

微短剧之所以受欢迎，一是方便观众利用碎片化时间追剧，二是微短剧土味、爽感、高甜、高宠、低幼，甚至脑洞大开"洒狗血"式的故事风格，可快速迎合观众心理。

爆火的微短剧大部分由"恨"和"爽"组成，微短剧里讨伐的对象是"low女、渣男、恶毒女配"等，这些"恶人"集合观众厌倦的种种人格缺点，通过短、快的方式将"恶人"的各种缺陷放到最大，激起观众的恨意，再通过主人公的逆袭，对这些"恶人"进行羞辱与打击，让观众收获情绪宣泄的爽感。

低成本，高收入

微短剧常以竖屏形式呈现，主打"轻量"，制作成本低、周期短，每分钟拍摄成本最低仅需数千元。

相比于几十元的视频平台VIP，微短剧的价格优势很明显，通常9.9元就可以解锁几十集剧情。

据媒体报道，在微信小程序上线的爆款微短剧《无双》，团队中无知名导演和演员，成本不到50万元，但上线8天充值破1亿元。"一周拍完、8天收入过亿，10天暴富。"短剧的造富故事不断刺激着市场，越来越多资本涌入微短剧赛道。

算法推荐，精准投喂

制作方和播放平台越来越重视垂直细分领域的用户需求，利用算法不断制作、推荐迎合用户特定需求的同类微短剧，以"精准投喂"的方式增强用户黏性，也推动了一些类型微短剧的持续火爆。

02 部分内容刷新底线

微短剧火爆的另一面则是泥沙俱下。部分令人咂舌的微短剧造成了不良的行业与社会影响。

有的微短剧内容与现实完全脱节，如一夜暴富、天赋异能，甚至宣传鬼怪迷信内容；有的微短剧鼓吹爷孙恋、师生恋。

宫斗穿越，"抓马"反转

为了在短时间内冲击用户感官，一些微短剧的故事被简化为对"爽点""爆点"的抓取：穿越重生、豪门秘事、凶杀探案等冲突性元素，常常被缝补在同一部剧集中。

这类微短剧不追求内容的逻辑性和现实性，剧本只求速成，内容浮夸俗套，拍摄不谈美感，人设画风相似，导致剧情缺乏深度和内涵，很难带给观众新鲜感和良好审美体验。

甜宠霸总，狗血无脑

为了在第一眼就抓住用户的视线，部分微短剧的取向"庸俗"，正如有网友概括的，无外乎"霸道总裁爱上我、英雄救美反被救、欲擒故纵谈恋爱、绑架案中见真情"……

哗众取宠，色情低俗

有些微短剧为吸引流量博眼球，用色情低俗营造感官刺激，在打擦边球上大做文章。

继咪蒙团队转战微短剧制作的《黑莲花上位手册》因涉及题材违规被全网下架后，该团队的另一部热播短剧《李特助如此多娇》因内容涉嫌色情低俗擦边也被禁止投流。

03 微短剧也要有大格局

当下，微短剧如何在快速增长的同时，迈向高质量发展的新阶段，成为关注焦点。

监管政策规范市场

2023年11月21日，微信珊瑚安全公众号发布公告称，《黑莲花上位手册》宣扬极端复仇、以暴制暴的不良价值观，混淆是非观念，破坏平台良好生态，平台已将该剧下架。

同日，快手、抖音也发布《黑莲花上位手册》下架公告，称该剧宣扬极端复仇、以暴制暴，混淆是非观念，过度渲染人性中的恶，带来负面的价值导向。

小牛注意到，《黑莲花上位手册》的抖音账号已变成私密账号，所有发布内容均不可见。

据报道，2022年11月下旬开始，广电总局集中利用3个月时间，组织开展了"小程序"类网络微短剧专项整治工作。截至2023年2月28日，共下线含有色情低俗、血腥暴力、格调低下、审美恶俗等内容的微短剧25300多部、计1365004集，下架含有违规内容的"小程序"2420个。

2023年3月至今，广电总局督导抖音、快手、腾讯、B站、小红书、好看视频等平台累计对外发布公告40余期，清理低俗有害网络微短剧35万

央媒实操课： 好报道都有迹可循

余集（条）、2055万余分钟；分级处置传播低俗有害网络微短剧的"小程序"429个、账号2988个。

广电总局表示，下一步还将继续加强监管，加强微短剧的创作规划引导。

企业应深耕精品创作

在题材选择上，微短剧应更注重聚焦社会议题，洞察大众情绪，引发情感共鸣，以高质量、高标准的精良微短剧赢得市场，获得长远发展。

在这方面，也有不少优秀案例可以借鉴。

例如，《逃出大英博物馆》用拟人化手法，讲述化身古代女子的玉壶逃出博物馆、寻找回家之路的故事，传达流落海外文物的思乡之情，使"让文物回家"的愿望变得形象直观，激发了观众强烈的文化认同感。

再比如，反特题材微短剧《追捕者》讲述了20世纪50年代中国共产党成立特案组，打击特务破坏行动的故事，一反传统谍战剧"敌明我暗"的斗争模式。该剧在叙事和视听上探索符合微短剧规律的表达方式，用更新颖的风格讲好故事。

网络微短剧亟待在创作质量上持续发力，以赢得更大的发展空间。相比传统的电视剧、网络剧，网络微短剧压缩了内容时长，但仍然需要在"小体量"中凸显"大主题"、追求"大格局"，提供深层次的思考，以满足受众的精神体验。

短视频新闻配乐指南[1]

小牛敲黑板

随着短视频新闻的兴起，配乐成为其不可或缺的一部分。但配乐需符合情感基调、账号定位与版权要求，以确保新闻的真实性和客观性。本文将从这三个方面提供指导，帮助新闻人在短视频新闻中合理配乐，避免喧宾夺主，以优质的新闻作品赢得公众关注。

以前，人们是怎么看新闻的？

一家人团坐在电视机前，国际时事、社会热点、政策动向，配合着早餐的豆浆油条、晚餐的青菜稀粥一起吃下。

如今，人们是怎样看新闻的？

掌中小屏替代电视大屏，抖音等App上的新闻短视频瀑布取代传统新闻节目。高铁站、地铁站、街边小馆，大家浸泡在视频配乐和声效的高强度刺激中。

配乐短视频新闻广为流行的当下，有人说"配乐"是对客观性、真实

---

[1] 作者：阚玉婷，中新网记者。

性的挑战和践踏；也有人说配乐增强了新闻的感染力和传播力，不见得就是坏事。

然而新闻人也有自己的苦衷——报道事实是底线，从流量池当中杀出一条血路是要求，协调二者，好难。

传统新闻转型新闻短视频，到底要不要配乐？又如何配乐？请查收以下三条配乐指南，助力新闻人减少精神内耗、配出精良作品。

01　配乐要符合情感基调

"节奏快、鼓点噪、抓耳朵……"这类游戏、汽车、美食、颜值等常见门类短视频的配乐法则在新闻短视频里并不适用。

这类音乐强烈地表明了视频制作者的主观态度，有过度煽情、过度包装，从而影响客观事实等种种可能性，不宜应用到传统新闻这一类别的视频当中。

配乐应与内容高度相关，起到锦上添花的作用。短视频，相较于无背景音乐的传统新闻，更加适应社媒时代公众的媒介使用习惯，即注重体验——用户看视频不仅为了掌握信息，还希望参与到互动情境中，享受"我与时代同在"的沉浸式情感体验。

因此，"恰当"是新媒体时代资讯类视频配乐的第一要义，即制作者要在"拿捏情绪"与"传达事实"之间找一个平衡点，在"流量"与"质量"之间实现协调。

02 配乐要符合账号定位

符合定位的配乐能够帮助打造个性化、差异化的新闻产品，从而打造账号品牌。

配乐是决定整体风格、实现账号区分度的重要因素——就像涮火锅的汤底、拍照片的滤镜、甜品上的香草荚，同样的素材，在不同风格的影响下，有了不同的表达。选择符合账号定位的配乐，能够突出机构媒体特色、塑造其形象。中新社国是直通车去年在全平台同步发布一系列追踪中美就台湾问题争端事态进展的短视频，采用统一配乐，体现其连贯性、一致性、整体性，显示与同类内容的区别度。

03 配乐要符合版权要求

短视频配乐有三种途径：使用公版音乐（超越版权年限的为公版音乐）、使用免费版权的音乐，以及付费并获得配乐许可等相关授权（如在曲多多平台购买商用版权）。

新闻短视频也不例外，制作时也要遵守《中华人民共和国著作权法》等现行法律法规。国内"MCN商用音乐侵权第一案"中，Papitube旗下账号@Bigger研究所被最终判定为未经授权在视频当中使用《Walking On the Sidewalk》，导致4000元经济损失及社会声誉损失。未获得授权，将QQ音乐、网易云音乐等音乐平台中下载的音乐投入商业使用，对于创作者来说有极大隐患，应予以避免。

央媒实操课： 好报道都有迹可循

"流量称王"的社交媒体时代，短视频平台早已超越中长视频平台，成为自媒体、机构媒体吸引公众关注的"流量金矿"。一条视频，集中"节奏快""叙事强""画面吸睛""配乐抓人"等特点，通常才能称得上短小精悍，留得住屏幕前举着手指、随时准备切换下条视频的人。

但是机构媒体账号、资讯类视频自媒体，在制作新闻短视频的过程中，依然要慎用配乐这把"双刃剑"，坚守新闻真实、客观的底线，让配乐锦上添花而非哗众取宠。

07

别让细节害了稿

这些机构名称写错重罚![1]

小牛敲黑板

机构名称的准确使用尤为重要。本文详细梳理了国家机构名称的规范使用，强调了"国家"二字的使用规则，并指出了一些常见的错误。正确书写机构名称是新闻报道的基本要求，也是维护国家机构权威和准确传达信息的必要保障。希望广大媒体工作者和公众能够严格遵守相关规范，共同维护信息的准确性。

北京市朝阳区太阳宫北街1号2021年2月挂上一块新牌子——国家乡村振兴局，取代了之前的"国务院扶贫开发领导小组办公室"。

请注意！"国家乡村振兴局"的名称中含有"国家"二字，在对外稿件中如果改为"中国乡村振兴局"是不准确的，准确的名称应该是"中国国家乡村振兴局"。

小牛在编审稿件时，发现有一些记者常常对这类机构名称傻傻搞不清。如上所述，有的把机构名称中该保留的"国家"二字丢掉了，而不该加"国家"二字的却加上了。比如，将"国家发展改革委"简写成"发改

---

[1] 作者：王婧，中新社通稿中心编辑。

委",将"中国民用航空局"误写成"国家民用航空局"等。

此类差错但凡出现,大多为重大差错。你是否已感觉到钱包在瑟瑟发抖?!

别急,小牛梳理出一些具有代表性的机构名称,并作详细解释。

机构名称中带有"国家"二字的,"国家"二字不可省去,也不能用"中国"二字来替换。

机构名称好比一个人的名字,需要字字准确。机构全称所包含的"国家"二字是该名称的一部分,无论是全称还是简称,规范写法一般不宜省略"国家"二字。

比如"国家图书馆",如果省略"国家"直接写成"图书馆",那么意思就完全改变了;"国家发展改革委"也不能省略"国家"直接写成"发展改革委",因为各地方也设有发展改革委,会造成表述不准确甚至产生歧义。

那么,直接把国家改为中国行不行?不行!因为"国家"是名称的一部分,要加"中国"则应该为"中国国家某某委"。

对外报道时,为了体现和区分国别,往往需要在机构名称前加上"中国"二字,含义上与其他国家对应。例如,中国外交部与俄罗斯外交部、泰国外交部、法国外交部等其他国家外交部对应。但对应港澳台时,机构名前不宜加"中国",在内宣稿件中往往也不需要这样表述。

综上,用以强调国别的"中国"二字与机构名称中本来含有的"国家"二字,不能互相替换。示例如下:

序号	机构名称	简称	对外报道常见写法	错误写法
1.	国家发展和改革委员会	国家发改委 国家发展改革委	中国国家发改委	中国发改委
2.	国家卫生健康委员会	国家卫健委	中国国家卫健委	中国卫健委
3.	国家移民管理局	国家移民局	中国国家移民局	中国移民局
4.	国家文物局		中国国家文物局	中国文物局
5.	国家图书馆		中国国家图书馆	中国图书馆
6.	国家大剧院		中国国家大剧院	中国大剧院

机构名称中不带"国家"二字的,不能自行加上"国家",如若体现对外报道,应加"中国"。

同样,机构名称中本来就带有"中国"二字的,也不可随意省略或用"国家"来替代。

序号	机构名称	简称	对外报道常见写法	错误写法
1.	外交部		中国外交部	国家外交部
2.	商务部		中国商务部	国家商务部
3.	科学技术部	科技部	中国科技部	国家科技部
4.	中国民用航空局	中国民航局	中国民航局	国家民航局
5.	中华全国归国华侨联合会	中国侨联	中国侨联	中国国家侨联 中华侨联

机构名称中含有"和"字的,书写全称时通常不能省略"和"字。

国务院组成部门中就有5个这样的部门,分别是——国家发展和改革委员会、工业和信息化部、人力资源和社会保障部、住房和城乡建设部、文化和旅游部。此外,国务院部委管理的国家局中,也有两个带"和"字的局,分别是——国家林业和草原局、国家粮食和物资储备局。

很多地方机构部门与中央部门对应,也要按照以上规则书写。但有些地方机构名称有自己的独特性,要注意核对。

地方上主管旅游的部门不一定叫"文化和旅游厅/局",例如海南省旅游和文化广电体育厅、潮州市文化广电旅游体育局等。

在使用地方机构名称简称时,首先要看地方上的习惯用法,其次全文使用的简称要前后一致。

例如某某省旅游发展委员会,有的习惯简称为"某某省旅游委",有的则用"某某省旅发委"。不管用哪个,都要注意前后文一致。

"话疗"消息稿"常见病"[1]

小牛敲黑板

消息稿作为新闻报道的核心,其质量直接关系到国际传播效果的好坏。本文深入剖析了对外报道消息稿中的常见问题,从表达不准确、新闻失实到篇幅冗长、语言不简练等,旨在帮助记者们提升稿件质量,增强国际传播力。让我们一起学习如何避免这些"常见病",让消息稿更加精准、简练,成为国际传播的利器。

业务研究虽然枯燥,
但定期交流有助写稿,
在此办个专题研讨,
有啥"毛病"咱们聊聊。
那谁说了,
别看广告看疗效!

消息是"新闻报道的主角",是通讯社向客户提供的最主要的产品。

---

[1] 作者:王婧,中新社通稿中心编辑。

央媒实操课： 好报道都有迹可循

中新社每年向境外华文媒体提供的文字稿中消息稿约占八成。只要留意稿件落地情况就会发现，短小精悍又富含信息量的消息稿永远是"抢手货"。境外华文媒体需要的是不打官腔、不唱高调、不掺水分的"干货"，他们也时常会舍弃一些内容，自行编辑，集纳多家媒体对某一事件报道的有用信息成稿。

因此，研究如何提升消息稿供给质量，对提升稿件海外落地采用率，提升国际传播力具有现实意义。

咱们接下来就一起看看对外消息稿中的常见问题，数数你被戳中几处。克服这些问题，才能进一步探讨怎么把稿子写得出彩。

01　表达不准确及新闻失实

表达是否准确不仅能够体现记者基本功是否扎实，还能一定程度上反映出记者在写稿时投入多少心力。

何谓准确？首先是没有技术性差错，即无语言文字及标点差错，无语病，数字书写规范，人名、头衔、机构名称等准确无误。另外，就是无事实性错误，无歧义，符合官方确定的表述。

可别小看差错。某地错漏百出的红头文件一度引发舆情。有时一字之差还会造成歧义甚至使意思相反，比如，误将"某人返华"写成"某人反华"，将"牢记使命"写成"忘记使命"等。

下面，我们不妨"一起来找茬"，看看如果你是编辑或者校对，正常通读一次到底能发现多少我特意埋下的"雷"。（以下段落改编自网络，原文无误）

1."国家杯"国际帆船赛决赛15日在俄远东海参崴开赛，65名来自世界各地的选手在阿穆尔湾展开较量。

"海参崴"应为"符拉迪沃斯托克"

2.截至目前，该机车已成功开进新西兰、马拉西亚、尼日利亚、埃塞俄比亚、迪拜等多个国家，其中出口非洲近10个国家。今年8月，由中车大连公司制造的3台出口埃塞尔比亚的干线内燃机车，在中国企业承建的吉布提—埃塞俄比亚铁路正式上线运行。

（1）"马拉西亚"应为"马来西亚"

（2）迪拜不是国家

（3）"埃塞尔比亚"应为"埃塞俄比亚"

3.10月2日，全国铁路发送旅客1千2百零1万5千人，铁路运输安全平稳有序。其中，北京局集团公司分别发送旅客1百零5万7千人。

（1）"1千2百零1万5千"应为"1201.5万"

（2）两处"人"应为"人次"

（3）"1百零5万7千"应为"105.7万"

4.1月21日，国家发展改革委员会会同有关部门组织开展了中央冻猪肉储备投放工作，挂牌交易3万吨，成交情况良好。这是近一段时间组织的中央冻猪肉储备第6批投放。

"国家发展改革委员会"应为"国家发展和改革委员会"或"国家发改委"或"国家发展改革委"

以上大大小小的差错你都找出来了吗？此类差错，有时是记者一时笔误，有时是记者书写不规范，有时则是因为记者的知识掌握不扎实。如果记者在提交稿件之前从头至尾阅读几遍，核实机构名称、人名及头衔等重要信息，绝大多数技术性差错是能够避免的。

编审校环节也需要加强把关，注意防范，避免忙中出错、忙中出乱。

保持对白纸黑字的敬畏，是保证发稿安全的基础。

另外，新闻事实的准确性、语言描述的准确性等，也直接影响新闻的真实性。

有媒体人认为,"稿子除了多方核实,最终呈现与采访之间,也要是一个不断缩小的过程。掌握八分的证据,最多说六分的话。表达除了严谨,也要克制"。

02 篇幅长,语言不够简练

消息稿宜短而精。1991年10月,首届中国新闻奖36名复评委员曾联名发出《多发短消息 减少长通讯》的呼吁书,倡导经营短消息和现场短新闻,狠刹长风。呼吁书中提到,新闻主体观念薄弱,报纸"杂志化""通讯挤消息""长挤短"等现象发展下去,"将导致新闻载体信息量减少,新闻质量降低,势必影响宣传效果,脱离群众,不可能造就好的新闻队伍……"

对外稿件,面向港澳台地区和海外读者,尤其要注意"短快新活"。稿子要想短,就要"狠心"删削,增强可读性。

那么从何删起呢?不妨看看,稿件里的新闻背景简明扼要吗?主办、承办单位的介绍有必要一一罗列吗?数据及成果发布,选取到重点和亮点了吗?受访者的直接引语是否过于口语化不够精练?采访素材吃透、消化了吗,信息量充足吗?

一味求全,不加取舍,看似处处是重点,其实处处无重点。不妨先围绕最重要的一条主线写写看。只有对采访素材有效选取、加工、提炼,才能够为消息增加含金量。这一点从稿件落地采用和转载情况可以得到印证。

笔者还发现,相较于单一地区的消息,集纳多地类似情况的综合消息落地和转发效果更好，更受读者和用户青睐。每当地方两会密集召开，经济数据频频发布，多地出台楼市新规，极端天气带来大面积影响，编辑都会在统筹、综编各地来稿方面做大量工作，根据地域的重要性（或受关注度）、现象的典型性、采访的扎实度等选取有效内容，把稿子的"水分"一挤再挤，有时一篇1000字的综合消息可集纳10来篇地方来稿。

03 新闻语言不够平实

新闻语言讲求平实，力求客观、确切、简练、朴实、通俗。对外稿更是忌讳打官腔、调门高、语言晦涩，文风宜简、浅、显。在消息撰写中，我们可以少用形容词，特别是比较夸张的词语，尽量不使用带有感情色彩的语句，要舍得去掉意义和价值不大的情景描述。

翻看中国新闻奖获奖消息作品，我们会发现，"正面报道"的呈现方式多种多样，直白地赞美恐怕是最不对读者胃口的一种。20多年前，《长江日报》刊登的消息《簰洲湾溃口"淹"出7000多人》便是让负面新闻成为纠正工作的正面报道。这篇不足600字的消息被评为第10届中国新闻奖消息二等奖，值得借鉴。

04 报道分寸把握不够

记者在报道时需要时刻紧跟时局，有大局观，因时适时调整角度。例如中美贸易摩擦问题,事态是动态发展的、不断变化的,如何引导国内国际两个舆论场考验着新闻机构的功力。一些带有反思和警示作用的言论对企业自身转型或有帮助,但也容易引发唱衰中国的论调,引用则要慎重。总之,要具体看受访者的观点能否为报道总基调服务,是否符合正确的政治方向、舆论导向、价值取向。

笔者日前读到一篇20多年前的报道——北大推倒南门约600米长的南墙改建商业街,此事轰动一时,之后数年剧情又"大反转"。有评论认为,"今日之新闻,即明日之历史",如何处理敏感事件在未来可能造成的舆论反弹,既考验记者的新闻敏感性,也关乎一间新闻机构的专业性和可信度。正如前文所说,从采访到稿件呈现是一个收窄的过程,表达要克制,把握一个"度"。

有关党代会的报道,编辑要注意这些![1]
——以党的二十大报道为例

> **小牛敲黑板**
>
> 党的二十大报道至关重要,编辑责任尤其突出。本期特邀资深编辑分享其编辑心得,强调保持编校严谨度、逻辑思维清晰度、内心平稳度,避免"只见树木、不见森林",保持专业度忌浅尝辄止。细节决定成败,编辑需全面把握,确保报道准确无误,传递正确舆论导向,展现专业风范。

01 保持编校严谨度

关于编校严谨度,曾有记者调侃道:"作者随便写的一句话,编辑都要检索出处。"我想,这可能和编辑的思维模式与工作模式有关。编辑的

---

[1] 作者:王婧,中新社通稿中心编辑。

主要任务是保证文通字顺、事实准确、导向正确,尤其涉及国家高层的语句、政策性强的语句,记者总结得准确与否,受访者归纳、评价得妥当与否,都需要编辑浏览公开报道来综合判断。

比如,有受访者提到"中国式现代化的新提法",编辑则要想想是不是"新提法";记者写"三位某部委官员答记者问",编辑则要逐一核对头衔,看三人是否都在某部委任职;是"台资项目投资金额"还是"台商投资金额",编辑也会仔细辨析。

有时几字之差就会造成歧义或意思相反。"反华"与"返华"、"紧紧"与"仅仅"、"途径"与"途经"这种音似或形似的词语都要注意。

02 保持逻辑思维清晰度

专注于核对细节、咬文嚼字还不够,编辑还需对文章的语言分寸、内容尺度、各段落逻辑关系、应选取的报道角度、舆论导向等各方面做到心中有数。

某公众号总结了几类"低级红""高级黑",诸如"夫妻新婚之夜抄党章"这种用力过猛、任意拔高的"脸谱化"报道,"女同志28天连续加班没换过衣服没洗头"这种夸大其词、过度吹捧的"浮夸风",某地一名基层干部因"晚上洗澡没接到电话被处分"这样上纲上线、小题大做"扣帽子"的报道,都会令读者反感,甚至损害党和政府的群众基础。

一段话事实准确,并不代表逻辑正确。文章标题能否提纲挈领概括全文内容,立意是否符合自身定位特色,这些也需编辑思考、琢磨。此外,做到严谨只是打好基础，抓住关键问题才是更深层的功夫。

03 保持内心平稳度

保持内心平稳度是做好一切工作的前提，尤其是在做查证、核实工作时，编辑如身处嘈杂的工作环境，或被其他事情打断，或见其他同事陆续收工，更应避免心浮气躁、忙中出错。保持内心的平稳度，是编辑应对一切不确定性时能给予自己的最大确定性。

04 避免"只见树木、不见森林"

年轻编辑需要不断修炼内功，避免"只见树木、不见森林"，避免只着眼细节，而忽略政治方向和舆论导向、忽略写作规范、忽略新闻传播规律。

05 保持专业度　忌浅尝辄止

关于编辑"杂家"与"专家"之论早已有之，体现了对编辑素质的高要求。像将公历3月称为"阳春三月"，写景写到大年三十的月光……各类大大小小的差错都考验着编辑的素质。

央媒实操课： 好报道都有迹可循

很多背景知识需要日积月累，非编校稿件时简单检索便可获知，所谓"功夫在诗外"，就是这个道理。

平日里，编辑常遇到编发稿，将几套快捷键运用得炉火纯青，但文稿中的关键措辞是否入脑入心就要打上一个问号了。既做"杂家"又做"专家"，需要保持求知欲和探索欲。

媒体人必看　这些差错别再犯了！[1]

小牛敲黑板

本文为新闻工作者提供了一份详尽的差错防范指南。从错别字、组织机构名称的准确表述，到概念表述的严谨性，都进行了细致的梳理和强调。特别是易错点的总结，对提升新闻稿件质量、规避政治风险具有重要意义。新闻工作者应仔细阅读，牢记于心，力求在工作中做到准确无误。

对于新闻人来说，差错是一直悬在心头的"剑"。在撰写新闻稿件时，我们需要严谨地对待每一个细节，避免错别字、表述不当等问题。

同时，对于人名、地名、组织机构名称等重要信息，也需要进行准确的核实和表述。

---

[1] 作者：小牛工作室。

01 错别字不可小瞧

1.慎用手机扫描软件。记者使用主办方提供资料时，不要以为简单扫描就万事大吉，否则会出现如"未来"错为"末来"，"自己"错为"自已"，"良莠不齐"写成"良萎不齐"等问题。

2.避免"约定俗成"说法带来的谬误，一些想当然的写法未必是准确的。比如"亲睐"应为"青睐"，"重要结点"实际为"节点"，"情分"不是"情份"，旅游"胜地"不是"圣地"，大家庭的"一分子"不是"一份子"，水稻"歉收"不是"欠收"等。

3.篡改历史，不能写为窜改历史。

4.疫情暴发，不能写为疫情爆发。

5.疫情防控阻击战，不能写为疫情防控狙击战。

6.一份力量，不能写为一分力量。

7.某集体的一分子，不能写为一份子。

8.量子通信卫星，不能写为量子通讯卫星。

9.扫黑除恶，不能写为打黑除恶。

10.土地流转，不能写为土地流传。

11.常住人口，不能写为常驻人口。

12.经济适用房，不能写为经济实用房。

13.蹚出一条新路，不能写为趟出一条新路。

14.亮丽名片，不能写为靓丽名片。

15.锲而不舍，不能写为契而不舍。

16.庸懒散，不能写为慵懒散。

17.河清海晏，不能写为海清河晏。

18. 阳奉阴违，不能写为阴奉阳违。

19. 收入翻一番，不能写为收入翻一翻。

20. 再接再厉，不能写为再接再励。

21. 辍学，不能写为缀学。

22. 鱼水情深，不能写为渔水情深。

23. 奋楫前行，不能写为奋辑前行。

24. "一带一路"，不能写为"一路一带"。

02　组织机构、文件名称要以官方为准

1. 不可以随意"缩写"，要严格按照机构官网、权威媒体核实。如"天津市人大常委会主任"不可以写为"天津人大委常委会主任"。

2. 国家机构名称要区分好"中国"和"国家"。如"中国国家卫健委"不可以写为"中国卫建委"，"中国商务部"不可以写成"中国国家商务部"，"应急管理部"不可以写成"国家应急管理部"，"中国国家市场监管总局"不可以写成"中国市场监管总局"，记者需要去机构官网首页核实校正。

3. 政府机构名称"和"和"与"不能互换。如不可以将"广州市发展和改革委员会"写为"广州市发展与改革委员会"等。

4. 会议、活动名称词序不对，意思就跑偏。如"中国进出口商品交易会"不可以写为"中国商品进出口交易会"。

5. 机构名称不可以随意省略、缩写，失之毫厘，谬以千里，甚至会引发舆情。譬如"中国问题研究中心"不可以写成"中国问题中心"，"陶瓷研究中心"不可以写成"陶瓷中心"。

6.《区域全面经济伙伴关系协定》(RCEP)是易错点，不可以将"《区域全面经济伙伴关系协定》(RCEP)"写为"区域全面经济伙伴关系(RCEP)贸易协定"，要多注意中文和字母顺序。

7.《传染病防治法》应为传染病防治法（不是全称不加书名号）。

03 概念表述要严谨

1.约数冗余情况要避免。如"约70余万人次""超过50多项"等。"约"包含数值上下之意，"余""超""多"都是超过某数值。混在一起用让人云里雾里。撰写某数值时，尽量明确额度，实在需用约数，弄清指定范围。

2.关键引号不可省略。在涉及如美西方炮制"中国威胁论"等说法时，要加上引号，表示我方不认可该说法。

3.旧概念要注意新语境。"五一"假期不宜写作"五一"黄金周。2007年12月，《国务院关于修改〈全国年节及纪念日放假办法〉的决定》明确了从2008年起我国将要执行的假日方案。"五一"黄金周被取消，因此稿件中不应再提及"五一"黄金周的说法。

4.细节之处也有重大政治风险，如广东、香港双牌照车辆，简写为"粤港双牌车"，不可写为"中港双牌车"。

5.头衔人名勿"分家"。首次出现某人名，应标清人物头衔；反之首次出现某头衔，应注明人名。

6."此间"用法有讲究。"此间"指"自己所在的地方或此地"的意涵。如××会议在此间举行、此间天气渐暖等。不要写成"××会议此间举行"或"正在此间××地举行"。

7."省份"不等于"省"。"省份"即我国的省级行政区,包括省、自治区、直辖市、特别行政区;而"省"指与直辖市、自治区、特别行政区平行的行政区划单位。因此,在稿件中若想表述中国各个地方,应写为"中国各省份"而不是"中国各省"。若涉及自治区、直辖市也应表述为"省份",比如写"西藏、海南、四川等省份"而不是"西藏、海南、四川等省"。

8.有些词汇要规范使用,不要夸大范围。比如写某地陷"极寒天气",但"最低气温达到-40℃以下"才能被称为"极寒天气",事实上文中气温远远不够。又如"按虚一岁的计年方式……正是××周岁",虚岁和周岁实为两个概念。

9.开启全面建设社会主义现代化国家新征程,不能写为全面开启建设社会主义现代化国家新征程。

10.有序推进碳达峰碳中和工作坚持先立后破,不能写为先破后立。

04 一字之差要避免

1.游客"预订"酒店,而非"预定"。"预定"是预先规定或约定,如"预定计划、时间";"预订"是预先订购,如"预订报纸、酒席"。

2.是"鱼子"不是"鱼籽"。"籽"是指某些植物的种子,如"菜籽、棉籽"。"子"则可表述动物的卵,如"鸡子儿、蚕子"。

3."期间"与"其间"不可混用。依《现代汉语词典》(第7版),"期间"指"(某段)时期里面",如春节期间、农忙期间,要紧跟具体时期表述,不能孤立使用;而"其间"指"某一段时间",可在句首、段首独立使用。

4.同环比等术语使用不当要注意。同比即含"比去年"的意涵，不必重复写作。"同比"是本期发展水平与上一年同期发展水平对比而达到的相对发展速度，即已包含基期概念，无须"同比2022年"这样冗余表达。"环比"也类似，是连续2个统计周期内的量的变化比，那么如"环比上个月"就是错误的。

5."盈利""营利"要区分。是"非盈利慈善机构"还是"非营利慈善机构"？按照现代汉语词典解释，"营利"指"谋求利润"，"盈利"则为"扣除成本后获得的利润，也作赢利"，词性不同。故应为"非营利慈善机构""非营利组织"。

6."法制""法治"意义不同。据现代汉语词典，"法制"指法律制度体系，包括一个国家的全部法律、法规以及立法、执法、司法、守法和法律监督等，侧重于"制度"；而"法治"为"根据法律治理国家和社会"，侧重于"行为与观念"。因此社会治理的根本是"法治"，而非"法制"。

7."幅""副""服"作量词时容易混淆，应加强辨别。一般来说，"幅"主要用于布帛类，如图画、布帛，可说"一幅画、两幅布"。"副"除用于面部表情外，主要表示成双成套，如"一副对联"。"服"做量词用于中药汤剂，如"一服中药"。

05 数字使用别蒙圈

1.数字、时间使用差错要避免。如"6成"应为"六成"，"晚间23时"应为"23时"等。

2.倍数写作别被"绕蒙"了。例如某鸟类现今数量比2012年时增长五倍，实际上2012年为1000只左右，现今约5000只，只能说是原来的五倍。

增长五倍其实是原来的六倍。另如"翻几番"的换算也要厘清概念再下笔。

3.当心错写百分比。如70%与57%相比,是高出13个百分点,不能简单缩写成高13%。

4.巨额数字不能轻易"四舍五入"。如正文中"8.62万亿元",标题写"8.6万亿元",就有200亿元的出入。

这些"惯性表达"的坑,别踩[1]

小牛敲黑板

本文深入剖析了"惯性表达"在文稿中的常见陷阱,从简化、指代、易混淆表达到输入法问题,一一列举并给出了纠正建议。提醒编辑和记者在工作时需注意避免这些常见错误,及时更新知识库,刹车前置,确保文稿的准确性和专业性。让我们共同提高写作质量,避免踩"惯性表达"的坑。

大多时候,笔头的错误是"无心"之过,可能是口头语习惯带到了笔下,又或者是输入法惯性实力"坑人",如果我们多注意这些平时表达的"惯性",就不会轻易"翻车"。

01 简化

我们在生活中交流时往往会出于方便等原因对某些表达进行简化,简

---

[1] 作者:段世炜,中新社通稿中心编辑。

化后的表达落到纸面上有可能不规范。

以国家的称谓为例，结尾是否有"国"要注意。例如，平时说起"孟加拉"，大多数时候知道说的是南亚国家。但其规范表述应为"孟加拉国"。同样道理，"蒙古国"不能写成"蒙古"。

此外，某些机构名称的简称国内读者不会搞糊涂，但海外读者不一定搞得清楚。例如"中央台办"，对外还是宜用"中共中央台办"。与之类似的还有"中共中央办公厅"等机构名称。

02 指代

有些媒体的稿件中会以首都指代国家，例如"这几天，北京和华盛顿同时酝酿大动作"等。大多数时候这样行文并无问题，但如果因此对"惯性"不踩刹车，有可能会在某些机构和职务名称等方面出现问题。笔者就曾遇到稿件将"朝鲜驻华大使"笔误写作"朝鲜驻北京大使"。

03 输入法的锅

除了前文提到的种种"惯性表达"，输入法的惯性也应注意。例如"北京冬奥会"，笔者遇到过某些自媒体报道中标题大大地写着"北京东奥会"。多看一眼，多读几遍，莫让输入法"出卖"自己。

04　刷新"知识库",刹车前置

随着我们国家治理实践的深入,理论大厦会不断添砖加瓦。这些"砖"和"瓦"往往超越了我们的生活经验和知识结构,如果对这些鲜活的政治话语能"实时关注",就能降低其落入"惯性表达"陷阱的概率,实现刹车前置。

例如,平时我们习惯了说"先破后立",但如果关注时政的话,会发现官方出现了"先立后破"的表述。在"双碳"方面(碳达峰碳中和),"立"即先确定"双碳"目标,"破"即在"立"的基础上将"两高"(高耗能、高排放)指标降下来。2022年的政府工作报告中明确提出"有序推进碳达峰碳中和工作……坚持先立后破、通盘谋划,推进能源低碳转型"。

除了"双碳"方面,其实在2021年底的中央经济工作会议中也提到了"先立后破":"必须坚持稳中求进,调整政策和推动改革要把握好时度效,坚持先立后破、稳扎稳打。"

再例如,我们现在熟知的"新发展格局"是"构建以国内大循环为主体、国内国际双循环相互促进的新发展格局",但还有一种曝光度稍低的说法是"以畅通国民经济循环为主构建新发展格局"。《人民日报》曾发表过评论员文章《以畅通国民经济循环为主构建新发展格局——论学习贯彻习近平总书记在经济社会领域专家座谈会上重要讲话》。当我们把这两种说法都明确掌握,自然就可以避免只有其一没有其二的"惯性表达",也能避免将两者混为一谈了。

据说99%的媒体人都被这个语法困惑[1]

小牛敲黑板

媒体人必看的语法难题解析!你是否也曾被"据公开资料显示"这类句式困扰?99%的媒体人可能遇到过这个问题。本文将为你揭开其背后的语法奥秘,让你秒变语法达人,快来一探究竟吧!

近日,在小牛粉丝群中出现了这样一个讨论:"据公开资料显示"这个句子的语法是否正确。

在日常的新闻报道中,经常有需要说明信息源的情况,许多媒体使用了"据……显示"这个结构。

小牛立马动手一搜,发现类似情况还有很多:

"据……介绍说"

"据……表明"

"据……显示"

"据……报道"

---

[1] 作者:徐昭,中新社国际传播实习生;魏园,时任中新社国际传播部记者。

"据……消息"

这些句子的语法是否正确？小牛针对这一问题，请教了中国传媒大学语言学及应用语言学专业副教授许蕾。

据××消息、据××报道

许蕾表示，"据"作介词，有"按照、依据"的意思。从传统语法的角度来看，介词一般依附在实词或短语前面共同构成"介词短语"，一般认为"介词+名词/名词短语"构成"介词短语"的情况比较多。

所以"据××消息""据××报道"这样的句式是可以的。

因为"消息、报道"可以作为名词使用，构成"介词+名词/名词短语"的情况。当然，也可以改写为"据××的报道/消息"，将这一短语变成名词性短语，使句子结构更加明确。

其中，像"报道"是个兼类词，也可以作为动词使用，从这个角度出发，也可以去掉介词"据"，只保留"主谓短语"的成分，比如"参与人士介绍""多个媒体报道"等。

据××显示、据××表明

这个句式不符合前述语法结构，但是这样的用法渐趋形成了一个凝固的格式，我们也可以把它看成一种固定结构。

许蕾表示，可以把"据视频显示""据研究表明"这样的短语理解为"状语+中心语"结构的短语。

因为"据"作为介词主要依附于名词或名词性短语，所以"据视频""据研究"这种"介词短语"先交代了信息源，然后再一起修饰后面的动词"显示""表明"。

据××介绍说

这种说法一般常出现在口语当中，在书面用语里，"介绍"和"说"都是动词，上述句式属于重复使用，这样的用法的确不太符合语法规范，只保留一个就行。

许蕾表示，语言现象纷繁复杂。对于汉语来说，兼类词多，用法灵活，且上下文语境对于意思的理解也起到了重要作用。对于很多语法问题，国内不同学者的意见分歧很大。

但是如果按照比较通俗的、易于大众理解的用法来表述，可以将这类短语改为名词性短语，例如"据现场视频的显示画面""据研究的结果"等。

这些易错词你能精准"pick"吗？[1]

小牛敲黑板

近期，小牛在整理"牛诊室"病例库时发现，错别字类差错占不小的比例，本期呈现一部分供大家锻炼一下"火眼金睛"。错别字的产生原因，细致程度不够首当其冲，此外，汉语基础知识不牢固、知识储备不够丰富、对文章内容理解存在偏差等也是出错原因。

大声读一读

1. 吉林省东部的长白山是该省最富盛名的旅游目的地，每年吸引大量海内外游客"打卡"。

应为"最负盛名"

2. 企业对跨境融资、现金管理及外汇交易等金融解决方案的需求与日剧增。

应为"与日俱增"

---

[1] 作者：谈笑、孙翔、宋怡霄、段世炜，中新社通稿中心编辑。

3.大会期间将发布北京市《关于建设全球数字经济标杆城市的实施方案》，着眼统筹发展和安全，进一步凝聚数字经济发展共识，为打造数字经济发展的"北京标杆"谏言献策。

应为"建言献策"

4.中国奥运代表团正式公布大名单，431位参赛运动员中，不乏久经杀场的压阵老将。

应为"久经沙场"

5.中国考古教育是建设"具有中国特色、中国风格、中国气派"的考古学科体系、学术体系和话语体系的重要组成部分。今后，中国考古学会将一如继往地大力支持和服务全国高等院校为中国考古事业培养"接班人"。

应为"一如既往"

仔细看一看

6.通过对国内外灾备技术发展等现状与趋势做出翔实的对比分析，着重阐释了未来中国数据灾备产业发展的五项建议。

应为"技术"

7.某边检总站港珠澳大桥边检站1日公布，截至当天18时，已查验出人境车辆近3000辆次。

应为"入境"

8.不远处的在建厂房屋顶上的钢板，如同一条条"抹布"耷拉在一侧；

央媒实操课： 好报道都有迹可循

停靠在厂房附近的数十辆小轿车车身及车窗受损严重，更有几辆在狂风下被掀翻倾倒，工地上停放的一台大型塔吊也扭曲倒塌。

应为"奔拉"

9.第五批国家级非遗代表性项目名录公布 沙县小吃、柳州螺狮粉等上榜。

应为"螺蛳粉"

10.滞留旅客随即开启一场特殊旅行，与三千年胡杨共同守侯这座边陲小城的涅槃重生。

应为"守候"

睁大你双眼

11.中方指挥舰南昌舰上，官兵们在各自战位上精神抖擞，斗志昂扬。

应为"昂扬"

12.历经"多重考验"、经查验合格的跨境水果方可获得"健康码"，准予出库离场进入中国各地市场。

应为"查验"

13.预计至2021年年底，科创板将有180至210只新股融资约1300亿至1700亿元人民币；同时180至210家企业将于创业板新上市，募集1100亿至1400亿元人民币。

应为"上市"

开动你大脑

14.比赛从刚开始就陷入焦灼，两人你攻我挡，比分交替上升。
应为"胶着"

15.该航线可以将粤港澳大湾区的制造业产品及长三角地区的贸易货物经海南中转出口至澳洲。
应为"澳大利亚"

盯好你键盘

16."喝完这杯日晒埃塞尔比亚，我要试试隔壁的危地马拉和巴拿马手冲拼配。"
应为"埃塞俄比亚"

17.山穷水复疑无路，柳暗花明又一村。
应为"山重水复疑无路"

18.全国第二次大熊猫调查的时候，工作人员懈怠的工具还是罗盘、地形图。
应为"携带"

19.山东还将在建筑节能等领域与德国开阵深入合作。
应为"开展"

20.香港大学、香港科技大学等高校及科研机构陆续成立至少16个国家重点实施室。
应为"实验室"

243

附录

超实用报道提示[①]

> **小牛敲黑板**
>
> 重大时政会议，政治性更强、权威性更强，新闻性更强、关注度更高。
>
> 新闻从业人员肩负着信息传播、沟通群众的双重责任与使命，更需要"严阵以待"，对新闻差错"零容忍"。
>
> 时政报道中避免差错，小牛认为最重要的便是正确使用各类表述。

01 "外防输入"，从源头杜绝偏差

从信息的源头，也就是信息输入端，就应确保信息的准确性、真实性。

1. 采访对象

对于采访对象的个人信息，如姓名、职务等，一定要确保准确。特别是涉及党内职务时，分清"党委书记""党组书记"等相近称谓。

对于采访对象所谈及的内容，涉及的文件、会议、重要事件节点、数字性内容等也可经过第三方信源检验。

[①] 作者：孙翔、谈笑，中新社通稿中心编辑。

附录　超实用报道提示

2.录音文本

目前，录音音频可以经过各类软件转为文本。使用录音转入的文本素材时，要注意同音字、标点符号等导致的偏差。

（1）同音字导致的偏差

同音字导致的错别字，或可产生语义的偏差。如：

《实践是检验真理的唯一标准》不能写作《时间是检验真理的唯一标准》

党的市（地、州、盟）和县（市、区、旗）委员会建立巡察制度【而不是巡查】

坚决贯彻党的自我革命战略部署和全面从严治党战略方针【而不是布署】

中国特色社会主义法治体系不断健全【而不是法制】

（2）标点符号的规范使用

引号、书名号，在录音转入素材中容易出错。当涉及固定表述时，引号不可省略。如：

"两个确立""两个维护""四个意识""四个自信"

"两个一百年"奋斗目标

落实"爱国者治港"原则

坚持一个中国原则和"九二共识"

维护国家主权和领土完整、反对"台独"

"七一勋章"不写作"七一"勋章

当涉及重要文件时，请注意书名号的使用及文件名称。如：

党章的全称现为《中国共产党章程》而不是《中国共产党党章》或《中国共产党党的章程》

《中国共产党章程（修正案）》而不是《中国共产党章程》（修正案）

（3）数字

涉及数字，请注意数字的量级、是否需要加单位。

有些情况下，中文数字与阿拉伯数字不可通用。如：

中共二十大，其中二十不可写作阿拉伯数字

逾七成，表示约数几成时，通常也用中文数字

3. 文本扫描

含有文字的 pdf、照片等都可经过软件转为纯文本。在使用这类文本时，请多加注意形近字、繁体字导致的偏差。如：

粤港澳大湾区而不是粵

完善要素市场化配置而不是巿

应对气候变化而不是气侯

02 "内防反弹"，确保全链条差错"清零"

差错"清零"涉及新闻采编全链条，需要大家共同努力。小牛梳理两点，供大家参考：

1. 互联网检索

注意网页权威性、时效性

网页检索成为记者编辑寻找信息、进行第三方核验的常用方式。

互联网检索注意网页权威性：以互联网信息之海量，错误的信息不会自行消失，我们有可能在网页上搜索到错误的信息；因此确认信息时一定要与权威信息来源核对。

互联网检索注意网页内容时效性：涉及人事变动、各类数据等信息，时间不同、信息不同，核对时需注意网页发布时间及其中内容的时效性；或可在搜索时限定信息发布时间，以避免偏差。

2. 文本细修后

是否保持文内一致性

文本在记者提交后，还有"三审三校"，在任何一个环节修改文本时，都需要注意信息在全文的一致性。

如：关键表述是否全文一致？不要顾此失彼。

03 "强基固本",加强知识储备

小牛准备了一些文档、大事记以及数据库,希望有助于增强大家的差错"免疫力"。

中共中央关于党的百年奋斗重大成就和历史经验的决议
http://www.gov.cn/zhengce/2021-11/16/content_5651269.htm

中国共产党第十九届中央委员会第七次全体会议公报
http://www.chinanews.com.cn/gn/2022/10-12/9871671.shtml

党的十九大以来大事记
https://www.chinanews.com.cn/gn/2022/10-13/9872660.shtml

中国共产党一百年大事记(1921年7月–2021年6月)
http://www.gov.cn/xinwen/2021-06/28/content_5621160.htm

http://cpc.people.com.cn/GB/64162/394696/index.html

简介:可查询中共中央、全国人大、国家主席等政要名单。

http://cpc.people.com.cn/GB/67481/444924/index.html

简介:数据库可以根据标题、内容以及时间进行搜索,涉及习近平总书记的红色足迹等丰富内容。

http://dangshi.people.com.cn/GB/234123/index.html

简介:党史资料库可以根据关键词进行搜索,可查询历届党代会、历次中央政治局会议等信息。

http://www.scopsr.gov.cn

简介:中国机构编制网可查询党中央机构等机构概况。

http://djsjk.people.cn

简介:党的建设数据库,可以选择政治建设、思想建设、组织建设等不同类别,并提供相关专家研究。

图书在版编目（CIP）数据

央媒实操课：好报道都有迹可循 / 庖丁解news编著. -- 北京：人民日报出版社, 2024.12.
　　ISBN 978-7-5115-8267-6

　　Ⅰ. ①央⋯　Ⅱ. ①庖⋯　Ⅲ. ①新闻采访②新闻写作
Ⅳ. ①G212

中国国家版本馆CIP数据核字（2024）第081537号

书　　　名：	央媒实操课：好报道都有迹可循
	YANGMEI SHICAO KE: HAOBAODAO DOU YOUJI KEXUN
编　　　著：	庖丁解news
责任编辑：	梁雪云　葛　倩
封面设计：	主语设计
出版发行：	人民日报出版社
社　　　址：	北京金台西路2号
邮政编码：	100733
发行热线：	（010）65369527　65369846　65369509　65369510
邮购热线：	（010）65369530　65363527
编辑热线：	（010）65369526　65363486
网　　　址：	www.peopledailypress.com
经　　　销：	新华书店
印　　　刷：	大厂回族自治县彩虹印刷有限公司
法律顾问：	北京科宇律师事务所　010-83622312
开　　　本：	710mm×1000mm　1/16
字　　　数：	248千字
印　　　张：	16
版　　　次：	2025年6月第1版　2025年6月第1次印刷
书　　　号：	ISBN 978-7-5115-8267-6
定　　　价：	49.00元

如有印装质量问题，请与本社调换，电话：（010）65369463